「日本語能力試験」対策

日本語総まとめ N1

NIHONGO SO-MATOME

佐々木仁子
松本紀子

英語・ベトナム語訳

聴解

ちょうかい

聴解 Listening Comprehension Nghe hiểu

ask PUBLISHING

この本で使用しているマーク

CD 1 ● 45	CD 1のトラック45を聞いてください
↔	反対の意味
❗	注意しましょう
☞ p. X	Xページを見てください
______(=○○○)	○○○は下線部の言い換え

N1試験時間および問題数の目安の変更点

2022年12月4日以降に実施される日本語能力試験N1において、**聴解の試験時間の短縮**、および**聴解の小問数（目安）**の一部変更が行われます。

※詳細は、日本語能力試験公式Webサイト（https://www.jlpt.jp/）をご確認ください。

■ 聴解N1の試験時間

	変更前	変更後
N1聴解	60分	**55分**

■ 聴解N1の小問数の目安

	大問	小問数の目安	
		変更前	変更後
N1聴解	課題理解	6	**5**
	ポイント理解	7	**6**
	概要理解	6	**5**
	即時応答	13	**11**
	統合理解	3	3

JLPTN1HENKOU-F-220826

はじめに

この本は
- ▶ 新しい「日本語能力試験」N1 合格を目指す人
- ▶ 上級レベルの勉強を始めた人
- ▶ 専門的な話の要旨が聞き取れるようになりたい人

のための学習書です。

◆この本の特長◆

- ・第１章では、聞き取りの練習をするときに、間違いやすい発音や文法などの基本的な練習をします。少し長い話を聞く前の準備になります。
- ・第２章では、新しい「日本語能力試験」の問題パターンについて、例をあげて解説してあります。練習問題を解きながらパターンに慣れましょう。
- ・第３章では、いろいろなタイプの話を聞き取るコツを覚えましょう。
- ・第４章では、いろいろな語彙や表現を覚えましょう。
- ・各章の「まとめ問題」で理解の確認ができます。
- ・第５章の「総まとめ問題」は模擬テストのつもりでやってみましょう。
- ・難しいところに英語・ベトナム語の訳がついているので、一人でも勉強できます。

では、楽しく勉強しましょう！

2011 年 10月

佐々木仁子・松本紀子

This book is a learning tool that targets:
- ▶ individuals aiming to pass level N1 of the new Japanese-Language Proficiency Test (JLPT).
- ▶ individuals that have begun studying upper level Japanese.
- ▶ individuals seeking to understand the main points of discussions about specialized topics.

◆ Main features of this book ◆
- · The first chapter of this book serves as stepping stone designed to sharpen your listening comprehension and help you tackle longer passages. It covers words and sounds that are often mispronounced and introduces fundamental items of grammar.
- · The second chapter describes the different question patterns that appear on the new JLPT. Work your way through the practice questions and master each pattern.
- · The third chapter introduces a number of techniques for understanding different types of conversations.
- · The fourth chapter is designed to help you master a variety of words and phrases.
- · The section “Review Drills” at the end of each chapter lets you gauge how well you understand the material.
- · The “Comprehensive Review” in the last chapter simulates the actual JLPT. Practice answering all the questions to see if you're ready to take on the real test!
- · This book provides added explanations in English and Vietnamese for words and concepts that are difficult to understand, making it the perfect companion for independent study!

Best of luck in your studies!

Quyển sách này dành cho:
- ▶ Người đặt mục tiêu thi đậu cấp độ N1 “Kỳ thi năng lực Nhật ngữ” quy cách mới.
- ▶ Người bắt đầu học lên trình độ cao cấp.
- ▶ Người muốn nghe hiểu ý chính của các câu chuyện mang tính chuyên môn.

◆ Những điểm đặc sắc của quyển sách này ◆
- • Chương 1 là các bài luyện tập cơ bản như cách phát âm hay các điểm ngữ pháp dễ bị nhầm lẫn khi luyện nghe. Là bước chuẩn bị cho các bài nghe dài hơn.
- • Chương 2 bao gồm các ví dụ và giải thích về các mẫu đề trong “Kỳ thi năng lực Nhật ngữ” quy cách mới. Vừa giải quyết các bài tập vừa làm quen với các mẫu đề.
- • Chương 3 bao gồm các bí quyết giúp nghe hiểu nhiều loại chủ đề khác nhau.
- • Chương 4 bao gồm các cách diễn đạt và từ vựng
- • Mỗi chương đều có phần “Ôn tập” để kiểm tra mức độ nắm bắt của bản thân.
- • Chương 5 là phần “Ôn tập tổng hợp” được thiết kế như một bài thi thật để các bạn thử sức.
- • Các bạn có thể tự học một mình nhờ có phần dịch tiếng Anh, tiếng Việt cho những chỗ khó.

Chúc các bạn học tập thật vui vẻ!

目次

新しい「日本語能力試験」N1について……6

この本の使い方……8

第1章　準備しよう……11

1　発音に関する聞き取り……12
2　文法に関する聞き取り①……14
3　文法に関する聞き取り②……16
4　会話表現……18
5　まとめ問題……20

第2章　問題のパターンに慣れよう……23

1　どんな返事をしますか－即時応答－……24
2　このあと何をしますか－課題理解－……26
3　どうしてですか－ポイント理解－……28
4　どんな内容ですか－概要理解－……30
5　どうすることにしますか－統合理解①－……32
6　どれにしますか－統合理解②－……34
7　まとめ問題……36

第3章　いろいろなタイプの話を聞こう……39

1　情報を聞こう……40
2　指示を聞こう……42
3　説明を聞こう……44
4　テーマや言いたいことを聞こう……46
5　まとめ問題……48

第4章　いろいろな語彙や表現を覚えよう……51

1　よく聞くカタカナを覚えよう①……52
2　よく聞くカタカナを覚えよう②……54
3　言い換えの言葉を覚えよう……56
4　よく聞く表現を覚えよう……58
5　まとめ問題……60

第5章　総まとめ問題……63

[別冊]　解答・スクリプト

新しい「日本語能力試験」N１について

※ この内容は、『新しい「日本語能力試験」ガイドブック概要版と問題例集 N1, N2, N3 編』（独立行政法人 国際交流基金、財団法人 日本国際教育支援協会）の情報をもとに作成しています。

試験日

年２回（７月と 12 月の初旬の日曜日）

※ 海外では、試験が年１回の都市があります。

レベルと認定の目安

レベルが４段階（１級～４級）から５段階（N1 ～ N5）になりました。

1級	→	N1	旧試験の１級よりやや高めのレベルまで測定。 合格ラインは旧試験の１級とほぼ同じ。

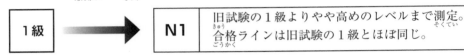

N1 の認定の目安は、「幅広い場面で使われる日本語を理解することができる」です。

試験科目と試験時間

N1	言語知識（文字・語彙・文法）・読解	聴解
	（110 分）	（60 分）

合否の判定

「得点区分別得点」と、それらを合計した「総合得点」の二つで合否判定を行います。
得点区分ごとに基準点が設けられており、一つでも基準点に達していない場合は、総合得点が高くても不合格になります。

得点区分

N1	言語知識（文字・語彙・文法）	読解	聴解
0 ～ 180 点	0 ～ 60 点	0 ～ 60 点	0 ～ 60 点

総合得点　　得点の範囲

N1「聴解」の問題構成と問題形式

大問		小問数	ねらい
課題理解	◇	6	まとまりのあるテキストを聞いて、内容が理解できるかどうかを問う（具体的な課題解決に必要な情報を聞き取り、次に何をするのが適当か理解できるかを問う）
ポイント理解	◇	7	まとまりのあるテキストを聞いて、内容が理解できるかどうかを問う（事前に示されている聞くべきことをふまえ、ポイントを絞って聞くことができるかを問う）
概要理解	◇	6	まとまりのあるテキストを聞いて、内容が理解できるかどうかを問う（テキスト全体から話者の意図や主張などが理解できるかを問う）
即時応答	◆	14	質問などの短い発話を聞いて、適切な応答ができるかを問う
統合理解	◇	4	長めのテキストを聞いて、複数の情報を比較・統合しながら、内容が理解できるかを問う

◇旧試験の問題形式を引き継いでいるが、形式に部分的な変更があるもの
◆旧試験では出題されなかった新しい問題形式のもの

試験日、実施地、出願の手続きのしかたなど、新しい「日本語能力試験」の詳しい情報は、
日本語能力試験のホームページ https://www.jlpt.jp をご参照ください。

この本の使い方

◆本書は、第１章から第５章まであります。短い文の聞き取り練習、問題パターン別の練習、タイプ別聞き取り練習、語彙表現の聞き取り練習で基礎固めをして、最後の総まとめ問題で聴解対策の仕上げができます。

This book is divided into five chapters. In these chapters you will practice understanding short passages, learn to recognize the various question patterns on the test, improve your listening comprehension of different types of conversations, and work on comprehending new vocabulary and expressions. After mastering the fundamentals, you can reinforce your listening skills by working through the comprehensive review at the end of the book.

Quyển sách này bao gồm 5 chương. Các bạn sẽ được củng cố lại nền tảng cơ bản với các phần luyện nghe những câu văn ngắn, với nhiều mẫu đề thi khác nhau, nghe nhiều thể loại chủ đề cùng với các cách diễn đạt, từ vựng, và hoàn thiện kỹ năng nghe hiểu thông qua bài ôn tập tổng hợp cuối cùng.

第１章

◇このページの重要ポイントです。最初に読みましょう。

The main points of this page are listed here. Make sure to read these points first.

Điểm trọng yếu của trang này. Cần phải đọc phần này trước tiên.

◇それぞれ短い文や会話で聞き取る練習をします。

This page contains listening exercises designed to improve your understanding of short passages and conversations.

Luyện nghe với các câu văn và đoạn hội thoại ngắn.

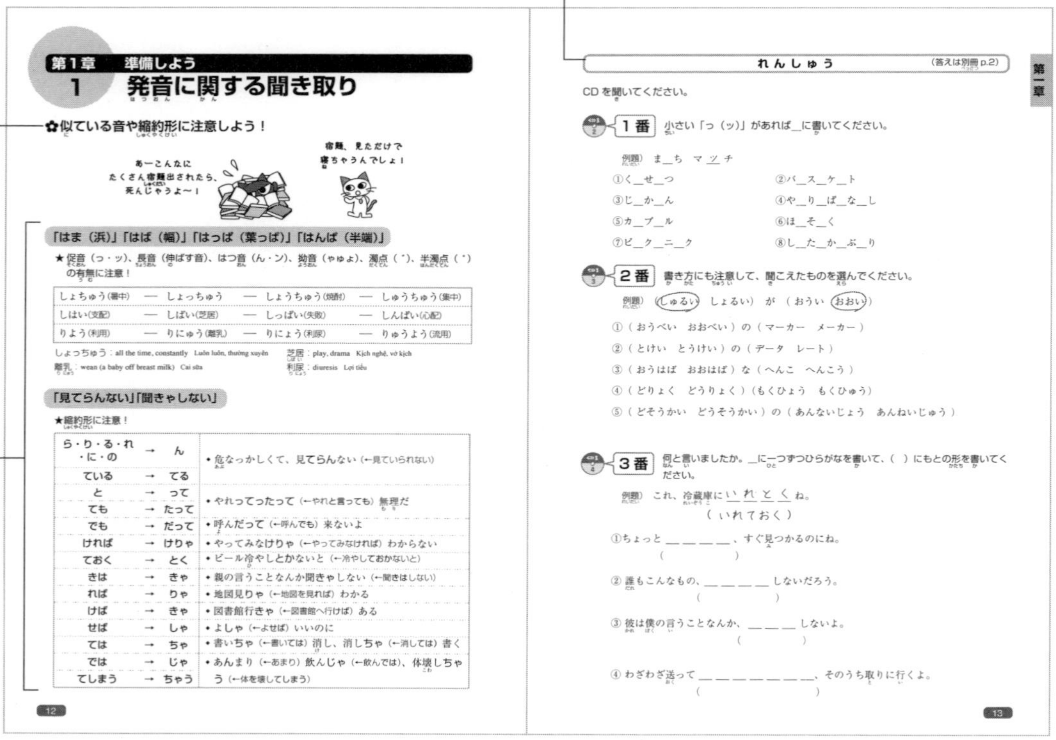

第１章　準備しよう

１　発音に関する聞き取り

✿似ている音や縮約形に注意しよう！

あーこんなに
たくさん宿題出されたら、
死んじゃうよ～！
宿題、見ただけで
寝ちゃうんでしょ！

「はま（浜）」「はば（幅）」「はっぱ（葉っぱ）」「はんぱ（半端）」

★促音（っ・ッ）、長音（伸ばす音）、はつ音（ん・ン）、拗音（ゃゅょ）、濁点（゛）、半濁点（゜）の有無に注意！

しょちゅう(暑中)	― しょっちゅう	― しょうちゅう(焼酎)	― しゅうちゅう(集中)
しはい(支配)	― しばい(芝居)	― しっぱい(失敗)	― しんぱい(心配)
りよう(利用)	― りにゅう(離乳)	― りにょう(利尿)	― りゅうよう(流用)

しょっちゅう：all the time, constantly　Luôn luôn, thường xuyên　芝居：play, drama　Kịch nghệ, vở kịch
離乳：wean (a baby off breast milk)　Cai sữa　利尿：diuresis　Lợi tiểu

「見てらんない」「聞きゃしない」

★縮約形に注意！

ら・り・る・れ・に・の	→	ん	• 危なっかしくて、見てらんない（←見ていられない）
ている	→	てる	
と	→	って	• やれってったって（←やれと言っても）無理だ
ても	→	たって	
でも	→	だって	• 呼んだって（←呼んでも）来ないよ
ければ	→	けりゃ	• やってみなけりゃ（←やってみなければ）わからない
ておく	→	とく	• ビール冷やしとかないと（←冷やしておかないと）
きは	→	きゃ	• 親の言うことなんか聞きゃしない（←聞きはしない）
れば	→	りゃ	• 地図見りゃ（←地図を見れば）わかる
けば	→	きゃ	• 図書館行きゃ（←図書館へ行けば）ある
せば	→	しゃ	• よしゃ（←よせば）いいのに
ては	→	ちゃ	• 書いちゃ（←書いては）消し、消しちゃ（←消しては）書く
では	→	じゃ	• あんまり（←あまり）飲んじゃ（←飲んでは）、体壊しちゃう（←体を壊してしまう）
てしまう	→	ちゃう	

12

れんしゅう　（答えは別冊 p.2）

第一章

CDを聞いてください。

CD1-2　１番　小さい「っ（ッ）」があれば＿に書いてください。

例題）ま＿ち　マッチ

①く＿せ＿つ　②バ＿ス＿ケ＿ト
③じ＿か＿ん　④や＿り＿ば＿な＿し
⑤カ＿プ＿ル　⑥ほ＿そ＿く
⑦ピ＿ク＿ニ＿ク　⑧し＿た＿か＿ぶ＿り

CD1-3　２番　書き方にも注意して、聞こえたものを選んでください。

例題）（しゅるい　しょるい）が（おうい　おおい）

①（おうべい　おおべい）の（マーカー　メーカー）
②（とけい　とうけい）の（データ　レート）
③（おうはば　おおはば）な（へんこ　へんこう）
④（どりょく　どうりょく）（もくひょう　もくひゅう）
⑤（どそうかい　どうそうかい）の（あんないじょう　あんねいじゅう）

CD1-4　３番　何と言いましたか。＿に一つずつひらがなを書いて、（　）にもとの形を書いてください。

例題）これ、冷蔵庫にいれとくね。
（いれておく）

①ちょっと＿＿＿＿、すぐ見つかるのにね。
（　　　）

②誰もこんなもの、＿＿＿＿しないだろう。
（　　　）

③彼は僕の言うことなんか、＿＿＿しないよ。
（　　　）

④わざわざ送って＿＿＿＿＿＿＿、そのうち取りに行くよ。
（　　　）

13

◇間違いやすい発音や、受身、敬語などの難しい文法などに絞って、注意すべき項目を学びます。

Key items to be learned are listed here, such as the passive voice, keigo (polite expressions), difficult grammar concepts, and easily mispronounced sounds.

Phần này đúc kết lại các điểm ngữ pháp khó cần chú ý nắm vững như cách phát âm dễ gây nhầm lẫn, thể bị động hay kính ngữ v.v.

◇問題用紙に選択肢が印刷されているかいないか、説明や質問が事前にあるかないかなど、問題の流れとポイントを確認できます。

This section introduces the main points of each question pattern and describes the basic flow, such as whether the answers are printed on the question sheet and if an explanation or question is read beforehand.

Xác định các điểm chính và trình tự của đề nghe, như có in sẵn các đáp án lựa chọn trong tập đề thi không, hay có giải thích, nêu câu hỏi trước khi nghe hay không v.v.

◇注意すべき表現や、解くときのポイントを押さえましょう。

Memorize key expressions and pick up useful tips for answering the different questions.

Các cách diễn đạt cần chú ý, và các mẹo khi trả lời câu hỏi.

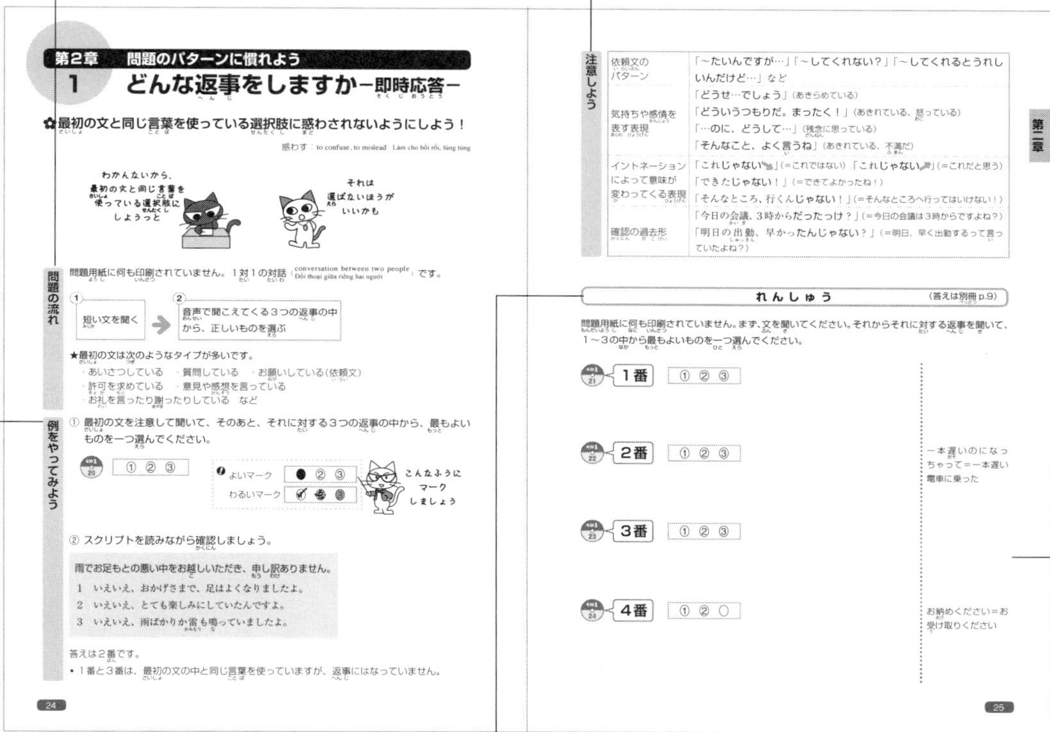

第2章　問題のパターンに慣れよう

1　どんな返事をしますか－即時応答－

✿最初の文と同じ言葉を使っている選択肢に惑わされないようにしよう！

惑わす：to confuse, to mislead　Làm cho bối rối, lúng túng

わかんないから、最初の文と同じ言葉を使っている選択肢にしようっと
それは選ばないほうがいいかも

問題の流れ

問題用紙に何も印刷されていません。1対1の対話（conversation between two people / Đối thoại giữa riêng hai người）です。

① 短い文を聞く → ② 音声で聞こえてくる3つの返事の中から、正しいものを選ぶ

★最初の文は次のようなタイプが多いです。
・あいさつしている　・質問している　・お願いしている（依頼文）
・許可を求めている　・意見や感想を言っている
・お礼を言ったり謝ったりしている　など

例をやってみよう

① 最初の文を注意して聞いて、そのあと、それに対する3つの返事の中から、最もよいものを一つ選んでください。

20　① ② ③

よいマーク　● ② ③
わるいマーク

こんなふうにマークしましょう

② スクリプトを読みながら確認しましょう。

雨でお足もとの悪い中をお越しいただき、申し訳ありません。
1　いえいえ、おかげさまで、足はよくなりましたよ。
2　いえいえ、とても楽しみにしていたんですよ。
3　いえいえ、雨ばかりか雷も鳴っていましたよ。

答えは2番です。
・1番と3番は、最初の文の中と同じ言葉を使っていますが、返事にはなっていません。

24

注意しよう

依頼文のパターン	「～たいんですが…」「～してくれない？」「～してくれるとうれしいんだけど…」など
気持ちや感情を表す表現	「どうせ…でしょう」（あきらめている） 「どういうつもりだ。まったく！」（あきれている、怒っている） 「…のに、どうして…」（残念に思っている） 「そんなこと、よく言うね」（あきれている、不満だ）
イントネーションによって意味が変わってくる表現	「これじゃない↘」（=これではない）「これじゃない↗」（=これだと思う） 「できたじゃない！」（=できてよかったね！） 「そんなところ、行くんじゃない！」（=そんなところへ行ってはいけない！）
確認の過去形	「今日の会議、3時からだったっけ？」（=今日の会議は3時からですよね？） 「明日の出勤、早かったんじゃない？」（=明日、早く出勤するって言ってたよね？）

第二章

れんしゅう　（答えは別冊 p.9）

問題用紙に何も印刷されていません。まず、文を聞いてください。それからそれに対する返事を聞いて、1～3の中から最もよいものを一つ選んでください。

21　1番　① ② ③

22　2番　① ② ③

23　3番　① ② ③

24　4番　① ② ○

一本遅いのになっちゃって=一本遅い電車に乗った

お納めください=お受け取りください

25

◇流れに沿って、例題を解いてみましょう。答えをマークしたら、スクリプトを読んで、理解できたかチェックをします。

Follow along and try to answer the example question provided. After filling in your answer, read through the script to check your comprehension.

Trả lời các câu hỏi ví dụ theo đúng trình tự. Sau khi đánh dấu vào đáp án, hãy xem lại phần nội dung bài nghe để kiểm tra mình hiểu đúng hay không.

◇練習問題で、問題のパターンに慣れましょう。

Work through the practice questions to familiarize yourself with the different patterns that appear on the test.

Làm quen với các mẫu đề thông qua các bài luyện nghe.

◇問題を解くのに役立つヒントがあります。

Don't forget to look here for tips on how to answer the questions!

Các gợi ý hữu ích cho việc đưa ra đáp án đúng.

◇日常生活でよく使われる語彙や表現をまとめて覚えます。

Learn common words together with expressions that are often used in daily life.

Ghi nhớ các từ vựng và cách diễn đạt thường được dùng trong sinh hoạt hàng ngày.

◇練習問題では、覚えた表現が話の中に出てきます。

The expressions you learn here often appear in the conversations played for the practice questions.

Các cách diễn đạt bạn đã ghi nhớ sẽ xuất hiện trong các bài tập luyện nghe.

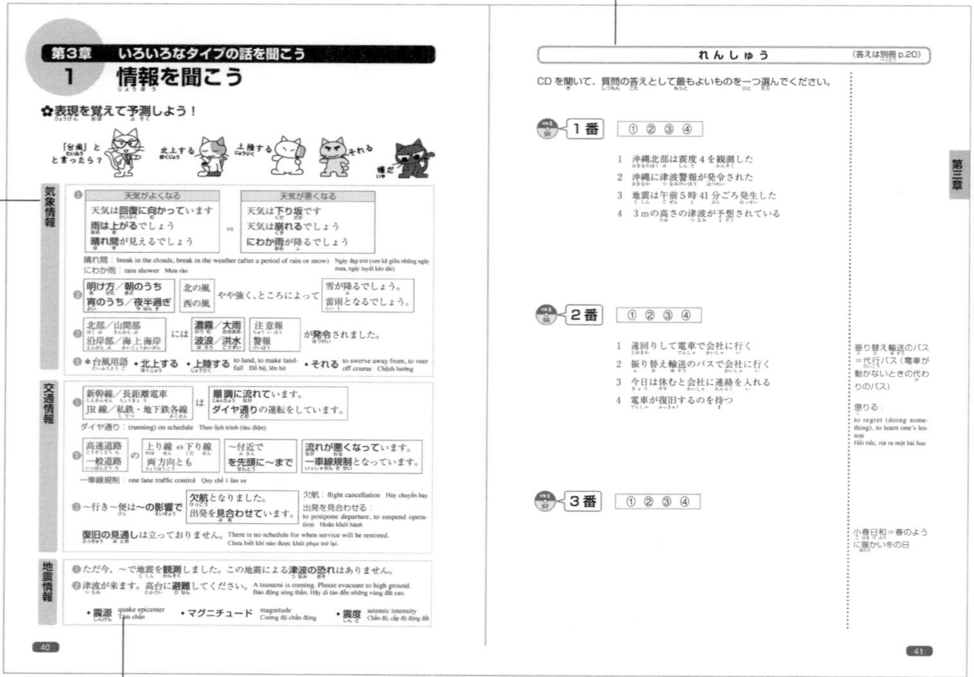

第3章　いろいろなタイプの話を聞こう

1　情報を聞こう

✿表現を覚えて予測しよう！

「台風」と言ったら？　北上する　上陸する　それる　嫌だ

気象情報

❶ 天気がよくなる：天気は回復に向かっています／雨は上がるでしょう／晴れ間が見えるでしょう ⇔ 天気が悪くなる：天気は下り坂です／天気は崩れるでしょう／にわか雨が降るでしょう

晴れ間：break in the clouds, break in the weather (after a period of rain or snow)　Ngày đẹp trời (xen kẽ giữa những ngày mưa, ngày tuyết kéo dài)

にわか雨：rain shower　Mưa rào

❷ 明け方／朝のうち・宵のうち／夜半過ぎ　北の風・西の風　やや強く、ところによって　雪が降るでしょう。・雷雨となるでしょう。

❸ 北部／山間部・沿岸部／海上海岸　には　濃霧／大雨・波浪／洪水　注意報・警報　が発令されました。

❹ ＊台風用語　•北上する　•上陸する to land, to make landfall　Đổ bộ, lên bờ　•それる to swerve away from, to veer off course　Chệch hướng

交通情報

❶ 新幹線／長距離電車・JR線／私鉄・地下鉄各線　は　順調に流れています。・ダイヤ通りの運転をしています。

ダイヤ通り：(running) on schedule　Theo lịch trình (tàu điện)

❷ 高速道路・一般道路　の　上り線⇔下り線・両方向とも　～付近で・を先頭に～まで　流れが悪くなっています。・一車線規制となっています。

一車線規制：one lane traffic control　Quy chế 1 làn xe

❸ ～行き～便は～の影響で　欠航となりました。・出発を見合わせています。

欠航：flight cancellation　Hủy chuyến bay

出発を見合わせる：to postpone departure, to suspend operation　Hoãn khởi hành

復旧の見通しは立っておりません。There is no schedule for when service will be restored.　Chưa biết khi nào được khôi phục trở lại.

地震情報

❶ ただ今、～で地震を観測しました。この地震による津波の恐れはありません。

❷ 津波が来ます。高台に避難してください。A tsunami is coming. Please evacuate to high ground.　Báo động sóng thần. Hãy di tản đến những vùng đất cao.

•震源 quake epicenter　Tâm chấn　•マグニチュード magnitude　Cường độ chấn động　•震度 seismic intensity　Chấn độ, cấp độ động đất

40

れんしゅう　（答えは別冊 p.20）

CDを聞いて、質問の答えとして最もよいものを一つ選んでください。

1番　① ② ③ ④

1　沖縄北部は震度4を観測した
2　沖縄に津波警報が発令された
3　地震は午前5時41分ごろ発生した
4　3mの高さの津波が予想されている

2番　① ② ③ ④

1　遠回りして電車で会社に行く
2　振り替え輸送のバスで会社に行く
3　今日は休むと会社に連絡を入れる
4　電車が復旧するのを待つ

振り替え輸送のバス＝代行バス（電車が動かないときの代わりのバス）

懲りる：to regret (doing something), to learn one's lesson　Hối tiếc, rút ra một bài học

3番　① ② ③ ④

小春日和＝春のように暖かい冬の日

第三章

41

◇難しい表現には、やさしい日本語の言い換えや翻訳があります。

A translation or easy-to-understand Japanese equivalent is provided for difficult expressions.

Các cách diễn đạt khó sẽ được dịch ra tiếng Việt hoặc diễn giải bằng tiếng Nhật dễ hiểu hơn.

◆各章の最後に「まとめ問題」があります。その章で勉強したことを確認しましょう。第5章には、「総まとめ問題」があります。模擬テストのつもりで、CDを止めずに解いてみましょう。

The end of each chapter contains a section called "Review Drills". Test yourself to see how much of the material you have retained. The section "Comprehensive Review" in the last chapter of this book serves as a mock test. Work straight all the questions without stopping the CD to prepare yourself for taking the actual test.

Cuối mỗi chương sẽ có phần "Ôn tập" giúp kiểm tra lại những gì đã học. Chương 5 sẽ là phần "Ôn tập tổng hợp", hãy nghe hết một lượt CD, trả lời các câu hỏi như một bài thi thực tế.

◆問題を解いたら、必ず答え合わせをして、スクリプトを読んで確認しましょう。解答とスクリプトは別冊にありますから、取り外して使ってください。

After you answer the questions, read through the script as you check the answers. Feel free to remove the booklet containing the answers and scripts to make it easier to check your work.

Sau khi trả lời xong các câu hỏi, hãy xem lại phần đáp án để kiểm tra. Đáp án và nội dung bài nghe được in trong phụ lục, có thể tách riêng ra để sử dụng.

第1章（だい　しょう）

準備（じゅんび）しよう

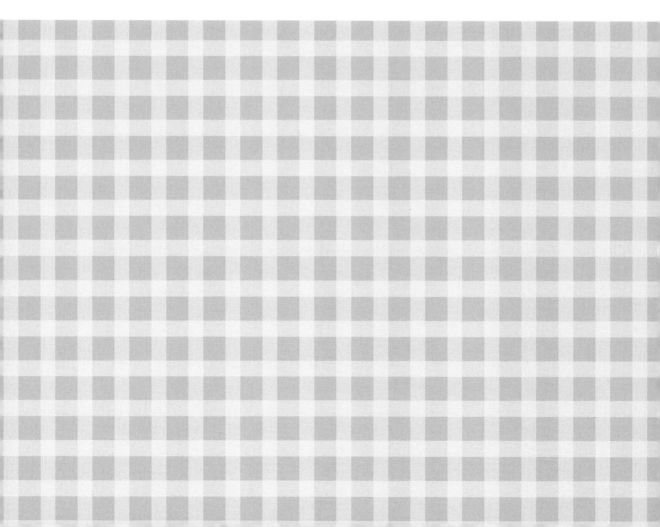

第1章　準備しよう

1 発音に関する聞き取り

✿似ている音や縮約形に注意しよう！

あーこんなに
たくさん宿題出されたら、
死んじゃうよ～！

宿題、見ただけで
寝ちゃうんでしょ！

「はま（浜）」「はば（幅）」「はっぱ（葉っぱ）」「はんぱ（半端）」

★促音（っ・ッ）、長音（伸ばす音）、はつ音（ん・ン）、拗音（ゃゅょ）、濁点（゛）、半濁点（゜）の有無に注意！

しょちゅう(暑中)	—	しょっちゅう	—	しょうちゅう(焼酎)	—	しゅうちゅう(集中)
しはい(支配)	—	しばい(芝居)	—	しっぱい(失敗)	—	しんぱい(心配)
りよう(利用)	—	りにゅう(離乳)	—	りにょう(利尿)	—	りゅうよう(流用)

しょっちゅう：all the time, constantly　Luôn luôn, thường xuyên

芝居：play, drama　Kịch nghệ, vở kịch

離乳：wean (a baby off breast milk)　Cai sữa

利尿：diuresis　Lợi tiểu

「見てらんない」「聞きゃしない」

★縮約形に注意！

ら・り・る・れ・に・の	→	ん	◆危なっかしくて、見てらんない（←見ていられない）
ている	→	てる	
と	→	って	◆やれってったって（←やれと言っても）無理だ
ても	→	たって	
でも	→	だって	◆呼んだって（←呼んでも）来ないよ
ければ	→	けりゃ	◆やってみなけりゃ（←やってみなければ）わからない
ておく	→	とく	◆ビール冷やしとかないと（←冷やしておかないと）
きは	→	きゃ	◆親の言うことなんか聞きゃしない（←聞きはしない）
れば	→	りゃ	◆地図見りゃ（←地図を見れば）わかる
けば	→	きゃ	◆図書館行きゃ（←図書館へ行けば）ある
せば	→	しゃ	◆よしゃ（←よせば）いいのに
ては	→	ちゃ	◆書いちゃ（←書いては）消し、消しちゃ（←消しては）書く
では	→	じゃ	◆あんまり（←あまり）飲んじゃ（←飲んでは）、体壊しちゃう（←体を壊してしまう）
てしまう	→	ちゃう	

れんしゅう

（答えは別冊 p.2）

CD を聞いてください。

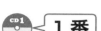

CD1 2　1番　小さい「っ（ッ）」があれば＿に書いてください。

例題）　ま＿ち　マ<u>ツ</u>チ

①く＿せ＿つ　　②バ＿ス＿ケ＿ト

③じ＿か＿ん　　④や＿り＿ぱ＿な＿し

⑤カ＿プ＿ル　　⑥ほ＿そ＿く

⑦ピ＿ク＿ニ＿ク　　⑧し＿た＿か＿ぶ＿り

CD1 3　2番　書き方にも注意して、聞こえたものを選んでください。

例題）（しゅるい　しょるい）が（おうい　おおい）

①（おうべい　おおべい）の（マーカー　メーカー）

②（とけい　とうけい）の（データ　レート）

③（おうはば　おおはば）な（へんこ　へんこう）

④（どりょく　どうりょく）（もくひょう　もくひゅう）

⑤（どそうかい　どうそうかい）の（あんないじょう　あんねいじゅう）

CD1 4　3番　何と言いましたか。＿に一つずつひらがなを書いて、（　）にもとの形を書いてください。

例題）　これ、冷蔵庫に<u>い</u><u>れ</u><u>と</u><u>く</u>ね。
（いれておく）

①ちょっと＿＿＿＿、すぐ見つかるのにね。
（　　　　）

②誰もこんなもの、＿＿＿＿しないだろう。
（　　　　）

③彼は僕の言うことなんか、＿＿＿しないよ。
（　　　　）

④わざわざ送って＿＿＿＿＿＿＿、そのうち取りに行くよ。
（　　　　）

2　文法に関する聞き取り①

✿したのか、しなかったのか、するのか、しないのかに注意しよう！

表現	事実	例
していたら	しなかった	◆あの電車に乗ってたら、事故に遭ってたよね。(＝乗らなかったので、事故に遭わなかった)
していなかったら	した	◆あのとき気がついてなかったら、火事になってたよ。(＝気がついたから、火事にならなかった)
したらよかった	しなかったことを後悔	◆早く準備をしておいたらよかったのに。
↔しなくてよかった	しなかったことに満足	◆不良品を買わされなくてよかった。
しなければよかった	したことを後悔	◆無理な約束をしなきゃよかった。
↔してよかった	したことに満足	◆はっきり断ってよかった。
しないといけなかった	するのを忘れた	◆事前に許可を取らないといけなかったんだ。
↔しなくてよかったんだ	したが、する必要がなかったことを知る	◆予約しなくてよかったのか…。
すればいいんだが	しない、したほうがいいのはわかっているが、難しい	◆毎日少しずつでも勉強すれば上達するんだろうけど、なかなかねえ。(＝しないから上達しない)
しなければいいんだが	する	◆嫌われるようなことしなければいいのにね。(＝するから嫌われる)
するつもりはない	しない　＊強い意志	◆何度来ていただいても、買うつもりはありませんから。
するつもりだったんですが	したかったが、できなかった	◆昨日のうちに仕上げるつもりだったんですが…(＝できなかった)
するつもりはなかったんですが	したくなかったが、そうなった	◆ご面倒をおかけするつもりはなかったんですが…(＝そうなった)
するところだった	しそうになったが、しなかった、ならなかった	◆危うく、だまされるところだった(＝だまされなかった)
しなかったことにする	した	◆その発言は聞かなかったことにしよう。
したことにする	しなかった	◆昨日、君と会ってたことにしてくれない？

れんしゅう

（答えは別冊 p.3）

CD を聞いてください。

CD1 5　1番　内容の正しいほうを選んでください。

例題）1 食べる。　2 食べない。

① 1 車にひかれてしまった。　2 車にひかれなかった。

② 1 申し込んだ。　2 申し込まなかった。

③ 1 困らせた。　2 困らせなかった。

④ 1 気がついた。　2 気がつかなかった。

⑤ 1 強がっている。　2 強がっていない。

強がる＝強いふりをする

CD1 6　2番　会話の内容と合うものを選んでください。

① 1 男の人はその娘さんに会いたがっている。
2 女の人はその娘さんに男の人を会わせたくない。
3 男の人は女の人の勧めを断っている。

② 1 2人は並ばずに中に入った。
2 2人は並んでチケットを買った。
3 2人はチケットを買ってあった。

展覧会などの入り口での会話。

③ 1 2人はうるさい人たちに注意をする。
2 2人はうるさい人たちに注意をしない。
3 2人はうるさい人たちに注意をした。

④ 1 2人はこの店で買った。
2 2人は別の店で買った。
3 2人はこの店で買うことにした。

⑤ 1 2人はバスに乗れなかった。
2 女の人は男の人のおかげでバスに間に合った。
3 男の人のせいで女の人はバスに乗れなかった。

第1章　準備しよう

3　文法に関する聞き取り②

✿敬語の再確認！

恐れ入ります。
ん？ 何？
何の恐れがあるの？
「ありがとう」って
言ったんじゃない？

確認しよう

話し手		聞き手	
お電話さしあげます	(＝電話します)	お電話頂けますか	(＝電話をもらえますか)
お電話させて頂きます	(＝電話します)	お電話頂戴できますか	(＝電話をもらえますか)
～と申します	(＝～と言います)	何とおっしゃいましたか	(＝何と言いましたか)
どう致しましょうか	(＝どうしましょうか)	何になさいますか	(＝何にしますか)
拝見します	(＝見ます)	ご覧ください	(＝見てください)
～と存じます	(＝～と思います)	どう思われますか どうお思いになりますか	(＝どう思いますか)

よく聞く敬語

恐れ入ります／恐縮です	(＝ありがとう・すみません)	
恐れ入りますが…	(＝すみませんが…)	
(田中が) 承りました	(＝(田中が)聞きました・受けました)	Tanaka has taken care of it. Tanaka đã tiếp nhận
お伝え願えますか	(＝伝えてくれますか)	
無理を申しまして申し訳ありません	(＝無理を言ってすみません)	
お越し願えませんか	(＝来てくれませんか)	
突然で恐縮ですが	(＝急ですみません)	
お席が空き次第、ご案内致します	(＝席が空いたらすぐ案内します)	
早めにお出かけになったほうが よろしいかと存じます	(＝早めに出かけたほうがいいと思います)	

れんしゅう （答えは別冊 p.4）

CD を聞いてください。

CD1 7　1番　内容の正しいほうを選んでください。

例題）　1　田中さんが帰る。　　2　田中さんが来た。

① 1　私は鈴木です。　　2　鈴木さんです。

② 1　先生は知っている。　　2　先生だと思う。

③ 1　千円ください。　　2　千円のおつりです。

④ 1　どうかしましたか。　　2　どうしたらいいですか。

⑤ 1　問題については知らない。　　2　問題ないと思う。

CD1 8　2番　会話の内容と合うものを選んでください。

① 1　男の人は女の人に何かを注文した。
　2　女の人は田中さんに何かを伝える。
　3　男の人は田中さんに何かを送る。

② 1　男の人はその美術館についての情報を女の人から聞いた。
　2　女の人はその美術館が今日混む理由を知っている。
　3　男の人は今日はその美術館へ行かないほうがいいと言っている。

③ 1　男の人は女の人に飲み物はあとで持ってくると言った。
　2　女の人は食事の前に飲み物を持ってくるように頼んだ。
　3　男の人は女の人にタバコを控えたほうが体にいいと言った。

④ 1　２人は公園の庭を散歩している。
　2　男の人は女の人の家の庭を見せてもらうことにした。
　3　男の人はきれいな花を持って女の人の家を訪問した。

⑤ 1　女の人は男の人に１人なら席が空いていると言った。
　2　男の人は名前と人数を書いて席が空くのを待とうとしている。
　3　女の人は男の人に席が空いたら知らせると言われた。

4　会話表現

✿いろいろな表現を覚えよう！

せっかくだが、
遠慮するよ。
せっかくだから、
頂くよ。
意外といいとこ
あるんだね。
単に、
食いしん坊なだけ
だったりして。

食いしん坊：glutton　Háu ăn, tham ăn

いろいろな会話表現

で(＝それで)　＊話の続きを促す	◆「車ぶつけた。」「えー！　で、どうしたの？」
だからって(＝からといって) ＊その理由は納得できない	◆「約束忘れてごめん。忙しくて…」「だからって…」
…ったらない(＝とても…)	◆「お隣の犬、うるさいったらない。」
…とか？　＊提案や推測	◆「どうしよう、使い方わかんないよ。」「先輩に聞くとか？」 ◆「どうしたの疲れた顔して。徹夜したとか？」
だったりして　＊理由や状況の推測	◆「田中君欠席？　ずる休みだったりして」
…もんですか　＊強い否定	◆「上手だね。」「上手なもんですか。」

会話の省略

例

A：走ったところで… B：もう間に合いませんか？	**…たところで～ない** ＊…ても無駄だという諦めの気持ち
A：条件はこれといって… B：特にありませんか？	**…は、これといってない**(＝特にない)
A：せっかく料理作ったのに… B：食べてくれなかったの？	**せっかくだが**　＊ありがたいが、断る **せっかくだから**　＊不要だが、受け入れる **せっかく…のに**　＊不満

あとに続くことばが決まっている副詞

例

きっぱり → やめる・断る	
てっきり → …と思った	＊誤解
まさか　→ …とは思わない	
おちおち → …ない	＊安心して…ない

かろうじて	
どうにか	**→ …できた**
なんとか	

まさか！：
No way! I can't believe it!
Lẽ nào như thế!/ Có lẽ nào!

れんしゅう

（答えは別冊 p.5）

CD を聞いてください。

CD1 9

1番

女の人の答えはどちらの意味ですか。正しいほうを選んでください。

① 1　じゃ、しょうがない。　2　それは理由にはならない。

② 1　かなりおもしろい。　2　全然おもしろくない。

③ 1　信じられない。　2　すごいね。

④ 1　ちょっと都合が悪い。　2　是非ご一緒したい。

⑤ 1　ずうずうしい人だ。　2　気の置けない人だ。

⑥ 1　わからないでもない。　2　理解できない。

気の置けない人＝気楽に付き合える人

気が知れない＝気持ちが理解できない

CD1 10

2番

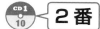

男の人と女の人が話しています。男の人のあとに女の人が言うのはどちらですか。正しいほうを選んでください。

① 女：1　やめましたか。
　　　2　吸えなくなりましたね。

② 女：1　こんなにひどいとはねえ。
　　　2　天気予報が外れるなんてねえ。

③ 女：1　ないわけないですよね。
　　　2　ないんですか、うらやましい。

④ 女：1　なんとかなりそうですね。
　　　2　やっぱり無理でしょうか。

⑤ 女：1　仮病だと思った？
　　　2　心配かけてごめん。

仮病＝病気のふりをすること

5　まとめ問題

時間：5分
答えは別冊 p.6～8

点数
／100

問題Ⅰ

5点×5問

CD1 11

CDを聞いてください。発音したのはどれですか。1～4の中から正しいものを一つ選んでください。

① 1 ぎゃこう　2 がっこう　3 きゃっこう　4 ぎゃっこう

② 1 ちゅうかい　2 しょうかい　3 ちょうかい　4 しゅうかい

③ 1 ボレボール　2 バレーボール
3 ボレーバール　4 バーレボル

④ 1 そうかいかん　2 そがいかん
3 そんざいかん　4 そうざいかん

⑤ 1 だんたいせん　2 だいたんせん
3 だったいせん　4 らんたいせん

問題Ⅱ

3点×20問

CDを聞いてください。正しいほうを選んでください。

CD1 12

1番　どちらの意味ですか。

① 1 席を取っておいてください。　2 席を取っておいてあげます。

② 1 押してだめなら引いてみたらいい。
2 押しても引いてもだめみたい。

③ 1 遅れるといっても限度がある。
2 遅れるといっても大したことはない。

④ 1 引き受ければよかった。　2 引き受けなければよかった。

⑤ 1 言わなければ伝わらない。　2 言わなくても伝わる。

CD1 13 2番　事実はどちらですか。

① 1　12時までに帰ってきた。
　 2　12時までに帰ってこられなかった。

② 1　伝えるのを忘れた。
　 2　伝えるのを忘れなかった。

③ 1　つまらないことを言った。
　 2　つまらないことを言わなかった。

④ 1　あの道を通った。　　2　あの道を通らなかった。

⑤ 1　もう返した。　　2　まだ返していない。

CD1 14 3番　男の人は何と言いたいのですか。

① 1　待たせすぎだ。　　2　じゃ、しょうがない。

② 1　着てみるべきだ。　　2　着ないほうがいい。

③ 1　そこでいいです、ありがとう。
　 2　そこはちょっと都合が悪いです、すみません。

④ 1　かしこまりました。　　2　お断りします。

⑤ 1　わかりかねます。
　 2　もう少しあとのほうがいいと思います。

CD1 15 **4番** 男の人のあとに続くことばはどちらですか。

①	1 無駄だ。	2 うっかりしていた。
②	1 惜しかったんだ。	2 当たるわけがない。
③	1 行きたいところだらけだ。	2 行きたいところはない。
④	1 もらうよ、ありがとう。	2 悪いね、ごめん。
⑤	1 来ると思った 。	2 来ないと思った。

問題Ⅲ

5点×3問

CDを聞いてください。内容と合うものはどれですか。1～3の中から正しいものを一つ選んでください。

CD1 16 ①
1 色違いは全て完売した。
2 グレーだけ取り寄せられる。
3 取り寄せに1週間かかる。

CD1 17 ②
1 女の人は山本先生を知らない。
2 女の人は山本先生の絵を見たことがある。
3 男の人は山本先生の絵や俳句について知っている。

CD1 18 ③
1 男の人は今日診察してもらう。
2 男の人は診察を断られた。
3 男の人は出張のため予約を変更したい。

第2章(だいしょう)

問題のパターンに慣(な)れよう

1　どんな返事をしますか－即時応答－

✿最初の文と同じ言葉を使っている選択肢に惑わされないようにしよう！

惑わす：to confuse, to mislead　Làm cho bối rối, lúng túng

わかんないから、
最初の文と同じ言葉を
使っている選択肢に
しようっと
それは
選ばないほうが
いいかも

問題の流れ

問題用紙に何も印刷されていません。1対1の対話（conversation between two people / Đối thoại giữa riêng hai người）です。

① 短い文を聞く → ② 音声で聞こえてくる３つの返事の中から、正しいものを選ぶ

★最初の文は次のようなタイプが多いです。

- あいさつしている
- 質問している
- お願いしている（依頼文）
- 許可を求めている
- 意見や感想を言っている
- お礼を言ったり謝ったりしている　など

例をやってみよう

① 最初の文を注意して聞いて、そのあと、それに対する３つの返事の中から、最もよいものを一つ選んでください。

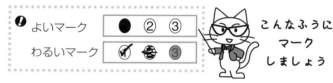

CD1 20　① ② ③

! よいマーク　● ② ③
わるいマーク　✓ ⊖ ③

② スクリプトを読みながら確認しましょう。

雨でお足もとの悪い中をお越しいただき、申し訳ありません。

1　いえいえ、おかげさまで、足はよくなりましたよ。
2　いえいえ、とても楽しみにしていたんですよ。
3　いえいえ、雨ばかりか雷も鳴っていましたよ。

答えは２番です。

- １番と３番は、最初の文の中と同じ言葉を使っていますが、返事にはなっていません。

注意しよう

依頼文のパターン	「～たいんですが…」「～してくれない？」「～してくれるとうれしいんだけど…」など
気持ちや感情を表す表現	「どうせ…でしょう」（あきらめている） 「どういうつもりだ。まったく！」（あきれている、怒っている） 「…のに、どうして…」（残念に思っている） 「そんなこと、よく言うね」（あきれている、不満だ）
イントネーションによって意味が変わってくる表現	「これじゃない↘」（＝これではない）「これじゃない↗」（＝これだと思う） 「できたじゃない！」（＝できてよかったね！） 「そんなところ、行くんじゃない！」（＝そんなところへ行ってはいけない！）
確認の過去形	「今日の会議、3時からだったっけ？」（＝今日の会議は3時からですよね？） 「明日の出勤、早かったんじゃない？」（＝明日、早く出勤するって言っていたよね？）

れんしゅう

（答えは別冊 p.9）

問題用紙に何も印刷されていません。まず、文を聞いてください。それからそれに対する返事を聞いて、1～3の中から最もよいものを一つ選んでください。

CD1 21 **1番** ① ② ③

CD1 22 **2番** ① ② ③

一本遅いのになっちゃって＝一本遅い電車に乗った

CD1 23 **3番** ① ② ③

CD1 24 **4番** ① ② ③

お納めください＝お受け取りください

2　このあと何をしますか－課題理解－

✿まだしていないことを見つけよう！

問題の流れ

問題用紙に選択肢が印刷されています。

①説明と質問を聞く → ②話を聞く → ③もう一度質問を聞く → ④答えを選ぶ

★「これから何をするか」という問題が多く出題されます。もうしてしまったことと、まだしていないことを聞き分けましょう。

例をやってみよう

① 選択肢にざっと目を通しておきましょう。 Quickly skim through the answer selections. Lướt nhanh qua một lần các đáp án lựa chọn.

1　2000円払う
2　「若草の会」に入る
3　入会用紙を手に入れる
4　写真を撮る

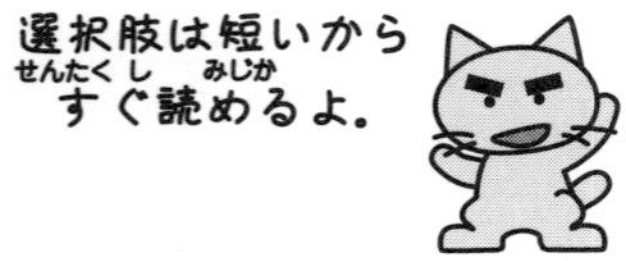

② 最初の説明と質問、そのあとの話を注意して聞き、選択肢の中から質問の答えとして最もよいものを一つ選んでください。

CD1 25　① ② ③ ④　◆まだしていないことは2つあります。

③ スクリプトを読みながら確認しましょう。

植物園で、男の人が窓口の人と話しています。男の人は植物園のパスポートを買うために、まず最初に何をしなければなりませんか。

男：すみません。こちらの植物園、何度でも入園できるパスポートっていうのがあるって聞いたんですけど…。

女：ありますよ。2000円で販売しています。ただ、この植物園の「若草の会」への入会が条件でして…入会金は200円です。

男：あ、そう。じゃ、お願いします。

女：それでは、この申込書に必要事項を記入して…あと写真が1枚必要ですが。

男：写真かあ…今持ってないなあ…。

女：その先に機械がありますが。

男：いや、うちにあるので。近くなんで、あとでまた来ます。とりあえず、これもらっていきます。

男の人は植物園のパスポートを買うために、まず最初に何をしなければなりませんか。

答えは2番です。

◆若草の会に入会したあと、2000円を払う。

注意しよう

★時間や料金など数字に関する問題も出題されます。

	質問の例
時間について	どのくらいかかりますか。
	何時に家を出なければなりませんか。
料金について	入園料は全部でいくらですか。
	ホテルの宿泊料はいくらですか。
	チケットのキャンセル料はいくらですか。

★行動の順番で、最初の行動を問う問題は、次のような言葉に注意しましょう。
「至急(=すぐに)/大至急」「それより」「先に」「その前に」「とりあえず」

れんしゅう

(答えは別冊 p.10)

まず質問を聞いてください。それから話を聞いて、1～4の中から、最もよいものを一つ選んでください。

CD1 26

1番

① ② ③ ④

1 いつもより5分早い各駅停車
2 いつもより15分早い各駅停車
3 いつもより遅い急行
4 いつもより遅い快速

男の学生は、携帯電話からインターネットで電車の時間を調べている。

CD1 27

2番

① ② ③ ④

1 書類をコピーする
2 痛み止めを飲む
3 歯医者に行く
4 アンケートをまとめる

痛み止め：
pain reliever　Giảm đau

集計する：
to compile (surveys)
Tổng hợp (các bản khảo sát)

3 どうしてですか－ポイント理解－

✿質問や選択肢から話を予測しよう！

問題の流れ

問題用紙に選択肢が印刷されています。

1. 説明と質問を聞く → 2. ポーズの間に選択肢を読み、ポイントをつかむ → 3. 話を聞く → 4. もう一度質問を聞く → 5. 答えを選ぶ

★話の中には、選択肢に出てくるような情報がいろいろ出てきますが、質問をよく聞いて、必要な情報かそうでないかを判断しましょう。

例をやってみよう

① 最初の説明と質問を聞いたあと、選択肢をじっくり読みましょう。

CD1 28

1　もっと軽く薄くすること
2　価格を見直すこと
3　映像の質を上げること
4　別の価値をつけること

実際の試験では、質問のあと、何も言わないので注意しましょう。

② 話を聞いて、選択肢の中から質問の答えとして最もよいものを一つ選んでください。

CD1 29

① ② ③ ④

③ スクリプトを読みながら確認しましょう。

男の人が、新しいテレビの開発について話しています。新しいテレビを開発する上で、今後の課題は何ですか。

男：薄型テレビは、各社の努力の結果、現在では薄さも軽さも限界に近いくらいになり、質も良くなり、また販売価格も以前に比べてかなり下がりました。テレビ本来の機能としても、もうこれ以上開発の余地がないところまで来ています。これから、各社が競争に勝つためには、付加価値をどうつけるかについて考えていくことが重要だと思います。つまり、これからは、映像を見ること以外の部分に力を入れていかないといけないでしょう。

新しいテレビを開発する上で、今後の課題は何ですか。

答えは４番です。

開発の余地はない：no room for development　Không còn chỗ để phát triển
付加価値：added value　Giá trị gia tăng

注意しよう

質問のパターンを覚えよう　❗質問に出てくる難しい語彙に注意

- 何が　一番／最も／特に　重要だ／大変だ／不満だ　と言っていますか。
- 何を一番重視したと言っていますか。
- 何を最優先すべきだと言っていますか。
- 今後の課題は何ですか。
- ～した理由は何だと言っていますか。
- どこに問題があると言っていますか。
- ～するために、どうすることにしましたか。

重視する：to emphasize, to place importance on
Đặt trọng tâm, chú trọng

最優先する：to give top priority (to something)
(Đặt) Ưu tiên hàng đầu

課題：issue, problem (that needs to be addressed)
Chủ đề, vấn đề, nhiệm vụ

れんしゅう　（答えは別冊 p.11）

まず質問を聞いてください。そのあと、選択肢を読んでください。読む時間があります。それから話を聞いて、1～4の中から、最もよいものを一つ選んでください。

CD1 30　1番　① ② ③ ④

1　コンタクトにして高くついたから
2　コンタクトが目に合わなかったから
3　メガネが流行っているから
4　メガネのほうが取り外しが楽だから

コンタクト：
contact lenses
Kính sát tròng

ソフト（コンタクトレンズ）：
soft (contact lenses)
Mềm (kính sát tròng)

ハード（コンタクトレンズ）：
hard (contact lenses)
Cứng (kính sát tròng)

CD1 31　2番　① ② ③ ④

1　カレーとライスを別々に組み合わせられること
2　カレーの辛さを自由に調節できること
3　ダイエットしている人のことを考えていること
4　冷たいままで食べてもおいしいこと

おいしさが損なわれない＝おいしく食べられる

4　どんな内容ですか－概要理解－

✿キーワードを見つけよう！

問題の流れ

問題用紙に何も印刷されていません。

① 説明を聞く → ② 話を聞く → ③ 質問を聞く → ④ 聞こえてくる音声の選択肢の中から、答えを選ぶ

★ 全体の内容を聞いて判断する問題です。質問は話のあとで 1 回だけなので注意しましょう。話は、たいてい一人の人が話します。

例をやってみよう

① 説明、話、質問、選択肢を聞いて、質問の答えとして最もよいものを一つ選んでください。

CD1 32　① ② ③ ④

後半部分に注意して聞こう！

② スクリプトを読みながら確認しましょう。

テレビで女の人が話しています。

女：ロシアなどでは、ウォッカなどの強いお酒が好んで飲まれます。これは、寒い地方で体を温めるために飲むということもありますが、実は他にも理由があるようです。あまり強くないお酒だと、寒い戸外に置いておくと凍ってしまうのです。アルコールは度数が高くなると、冷凍しようとしても凍りません。その性質を活かして、車の不凍液などにもアルコールが入っていたりするんですが、ロシアなどでは、戸外の温度が冷凍庫より低いということもあります。そのせいで、凍らない強いお酒が普及したと言えるのではないでしょうか。

女の人は何について話していますか。

1　ロシア人が酒に強いことについて
2　ロシアで強い酒が飲まれる理由について
3　アルコールの凍り方について
4　アルコールと気温の関係について

答えは2番です。

◆ キーワード…「ロシア」「酒」「凍る」「アルコール」

戸外：outdoors, outside　Bên ngoài (nhà), ngoài trời
アルコールの度数：alcohol content　Nồng độ cồn
車の不凍液：car anti-freeze　Chất chống đông dùng cho xe hơi

注意しよう

★状況説明部分に場面や話す人の職業が表れている場合は、それがヒントになることが多いです。

		話の内容の例
会社の入社式で…	→	会社に入ってからの心構え（attitude, mental readiness sự chuẩn bị, sẵn sàng về mặt tinh thần）や注意など
大学の授業で…	→	授業の概略（outline, summary Tóm lược/Khái quát）について
医者	→	病気や健康について
スポーツ選手	→	反省点や今後の課題など

- 話のテーマが問われる問題が多いですが、その他、目的や意見に対する感想などを聞き取る問題も出題されます。
- 決まったことや一般的な意見に対して、話し手はどう思っているか、賛成か反対か、などに注意して聞きましょう。

れんしゅう

（答えは別冊 p.12）

この問題は、全体としてどんな内容かを聞く問題です。話の前に質問はありません。まず話を聞いてください。それから質問と選択肢を聞いて、１～４の中から、最もよいものを一つ選んでください。

CD1 33 **1番** ① ② ③ ④

解熱剤＝熱を下げる薬

免疫細胞：
immune cell, immunocyte
Tế bào miễn dịch

インターフェロン：
Interferon

CD1 34 **2番** ① ② ③ ④

地域活性化：
regional revitalization
Vực dậy, đem lại sức sống mới cho khu vực /địa phương

行政：
administration (government)
Hành chính, chính quyền

5　どうすることにしますか－統合理解①－

✿情報や意見の違いに注意しよう！

問題の流れ

問題用紙に何も印刷されていません。

① 説明を聞く → ② やや複雑な内容の長い話を聞く → ③ 質問を聞く → ④ 聞こえてくる音声の選択肢の中から、答えを選ぶ

★ この問題には二つのタイプがあります。一つは、４つの種類やタイプなどの中から答えを選ぶ問題、もう一つは、２人以上の人が話す会話を聞いて答えを選ぶ問題です。

例をやってみよう

① 説明、話、質問、選択肢を聞いて、質問の答えとして最もよいものを一つ選んでください。

CD 1 35　① ② ③ ④

質問は話のあと、
１回だけなので
注意してね。

② スクリプトを読みながら確認しましょう。

女の人がワインを選んでいます。

男：今、こちらの棚のワインがキャンペーン中になっております。この２つは特にお勧めです。左のほうはドイツの少し甘口のもので、右のほうのはイタリアのかなりドライなワインです。辛口好きの人には大変好まれています。

女：きれいなビンねえ。でも、どっちも白なのね…。

男：赤がよろしければ、これなどはいかがでしょうか？　フランスのもので、マイルドな口当たりです。それから、こちらのチリのワインも大変人気がありますよ。

女：チリのワインね、この間飲んだのもチリだったけど、すごくおいしかったです。うーん、お友達の家に持っていくのですが、赤か白よりビンがおしゃれなほうがいいかな。えーっと、あんまりドライなものじゃないほうがいいので、これお願いします。

女の人はどのワインを選びましたか。

1　ドイツの白ワイン
2　イタリアの白ワイン
3　フランスの赤ワイン
4　チリの赤ワイン

答えは１番です。
◆ 赤ワインか白ワインは関係ない。

ドライ：dry　(Rượu) chát, không có vị ngọt
マイルドな口当たり：mild taste　Vị nhẹ, nồng độ nhẹ

注意しよう

★２人以上（たいてい３人）の会話は、意見を言い合ったり相談する内容が多いです。

最初の状況説明を注意して聞こう

状況説明の例	◆家族３人がペットについて話しています。 ◆学生３人が友人にあげるプレゼントについて相談しています。

質問のパターンを覚えよう

質問の例	◆どうすることに決めましたか。 ◆どのコースを選びますか。 ◆どの～を買うでしょうか。

★ある意見に対して、反対意見や別の意見があり、最後に意見がまとまるというパターンが多いです。

・どの意見を中心に話しているかに注意しましょう。

・話の後半部分に注意しましょう。

れんしゅう

（答えは別冊 p.13）

まず話を聞いてください。それから質問と選択肢を聞いて、１～４の中から、最も よいものを一つ選んでください。

CD1 36 **1番** ① ② ③ ④

アラカルト：
à la carte
(Trong nhà hàng) Loại thực đơn để khách chọn món lẻ theo sở thích của mình

CD1 37 **2番** ① ② ③ ④

不用品回収車：
junk removal truck
Xe thu gom phế liệu

第2章　問題のパターンに慣れよう

6　どれにしますか－統合理解②－

✿必要な情報だけ聞き取ろう！

問題の流れ

問題用紙に選択肢が印刷されています。

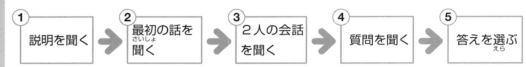

① 説明を聞く → ② 最初の話を聞く → ③ 2人の会話を聞く → ④ 質問を聞く → ⑤ 答えを選ぶ

★ 最初の話は、4つの物事についての説明です。話を聞きながら効果的にメモを取りましょう。

例をやってみよう

① 説明と最初の話を聞いて、メモを取ってみましょう。

CD1 38

1 「体験コース」
2 「いろはコース」
3 「わかばコース」
4 「みのりコース」

ここにメモしましょう。
必要な情報だけメモしてね。

② スクリプトを読みながら確認しましょう。

夫婦がパソコンスクールの受付の人の話を聞いています。

女：パソコンを全く使ったことのない人のための「いろはコース」ですが、ここでは、インターネットを使えるようになることが目標です。「わかばコース」は、メールやインターネットをやったことがある人向けで、簡単なワープロと表計算のソフトを使えるようにするのが目的です。「みのりコース」は、基本的なワープロ機能を使える人が対象で、より高度なワープロや表計算のソフトの使い方をマスターします。その上には、イラストや音楽の製作などを覚える「マスターコース」などもあります。「体験コース」ですが、現在進行中のコースを見学兼体験していただくというもので、3回までは無料でいつでも参加が可能です。じっくり自分にあったコースをお選びいただけます。なお、各コースの受講開始日は、すべて来週からとなっています。

メモの例

1 「体験コース」　いつでもOK
2 「いろはコース」　インターネット
3 「わかばコース」　ワープロ　表
4 「みのりコース」　ワープロ　マスター
（2～4）来週

ワープロ機能：word processing function　Chức năng đánh máy

～兼～：～ and ～ (indicates that one thing serves two functions)　Và, đồng thời, kiêm

③ ２人の会話を聞いたあと、質問を聞いて、それぞれの答えとして最もよいものを一つ選んでください。

CD1 39 **質問１** ① ② ③ ④　　**質問２** ① ② ③ ④

④ スクリプトを読みながら確認しましょう。

男：もう来週から始まっちゃうんだ…体験してる暇はないね。

女：あなたは一番上のコースでしょ。

男：いや、僕は基本的なことしかできないからねえ…まずワープロと表計算のソフトを使いこなしてからだね。

女：ふーん、私は、やっぱり体験してから決めようかな。

男：お前、インターネットもろくに使えないし、携帯のメールは得意でも、パソコンでの文字入力はほとんどやったことないだろ。すぐに一から教えてもらったほうがいいよ。

女：うーん…そうねー…迷ってる暇はないかも。それにくやしいけど、あなたの言う通りだし、私はこのコースね。

質問１　男の人はどのコースを受けますか。

質問２　女の人はどのコースを受けますか。

答えは　質問１は４番、質問２は２番です。

ろくに〜ない：can hardly, can barely　Hầu như không ~

使いこなす：to make full use of　Sử dụng thành thạo

れんしゅう

（答えは別冊 p.14）

まず話を聞いてください。それから二つの質問を聞いて、それぞれ１～４の中から、最もよいものを一つ選んでください。

CD1 40 **質問１** ① ② ③ ④

1　個室A　　2　個室B

3　２人部屋　　4　４人部屋

質問２ ① ② ③ ④

1　個室A　　2　個室B

3　２人部屋　　4　４人部屋

健康保険が適用される：
to be covered by health insurance
Bảo hiểm sức khỏe được áp dụng

差額ベッド料：
amenity bed fee
Chi phí (giường/phòng) chênh lệch

保険でカバーする＝
保険のほうで払ってくれるので料金はかからない

7 まとめ問題

時間：16 分

答えは別冊 p.15～19

点数　／100

問題 I

5点 × 5問

まず文を聞いてください。それから、それに対する返事を聞いて、1～3の中から最もよいものを一つ選んでください。

CD1 41　1番　① ② ③

CD1 42　2番　① ② ③

CD1 43　3番　① ② ③

CD1 44　4番　① ② ③

CD1 45　5番　① ② ③

問題 II

5点 × 2問

まず質問を聞いてください。それから話を聞いて、1～4の中から最もよいものを一つ選んでください。

CD1 46　1番　① ② ③ ④

1　7千円
2　8千円
3　9千円
4　1万円

CD1 47　2番　① ② ③ ④

1　排水パイプのゴミを取る
2　排水部分の部品を替える
3　エアコンの本体を洗う
4　修理を手配してもらう

問題Ⅲ

5点×2問

まず質問を聞いてください。そのあと、選択肢を読んでください。読む時間があります。それから話を聞いて、1～4の中から最もよいものを一つ選んでください。

CD1 48 **1番** ① ② ③ ④

1 数学的な構図
2 独特の色使い
3 何気ない景色
4 光の表現方法

CD1 49 **2番** ① ② ③ ④

1 楽器を演奏することと比べることはできない
2 楽器で演奏するよりいいものができる
3 おもしろいものもあるが、でたらめなものもある
4 速いスピードで演奏できることが気に入っている

問題Ⅳ

10点×2問

この問題は、全体としてどんな内容かを聞く問題です。話の前に質問はありません。まず話を聞いてください。それから質問と選択肢を聞いて、1～4の中から、最もよいものを一つ選んでください。

CD1 50 **1番** ① ② ③ ④

CD1 51 **2番** ① ② ③ ④

問題Ⅴ

1番 ： 15点
2番 ： 10点×2問

1番は、まず話を聞いてください。それから質問と選択肢を聞いて、1～4の中から、最もよいものを一つ選んでください。

CD1 52 **1番** ① ② ③ ④

2番は、まず話を聞いてください。それから二つの質問を聞いて、それぞれ1～4の中から、最もよいものを一つ選んでください。

CD1 53 **2番** 質問1 ① ② ③ ④

1 筋力トレーニング
2 ウォーキング
3 水泳
4 ヨガ

質問2 ① ② ③ ④

1 筋力トレーニング
2 ウォーキング
3 水泳
4 ヨガ

第3章（だいしょう）

いろいろなタイプの話を聞こう

第3章　いろいろなタイプの話を聞こう

1　情報を聞こう

✿表現を覚えて予測しよう！

「台風」と
と言ったら？
北上する
上陸する
それる
嫌だ

気象情報

❶

天気がよくなる	↔	天気が悪くなる
天気は**回復に向かって**います		天気は**下り坂**です
雨は上がるでしょう		天気は**崩れる**でしょう
晴れ間が見えるでしょう		**にわか雨**が降るでしょう

晴れ間：break in the clouds, break in the weather (after a period of rain or snow)　Ngày đẹp trời (xen kẽ giữa những ngày mưa, ngày tuyết kéo dài)
にわか雨：rain shower　Mưa rào

❷ **明け方**／**朝のうち**／**宵のうち**／**夜半過ぎ**　北の風／西の風　やや強く、ところによって　雪が降るでしょう。／雷雨となるでしょう。

❸ 北部／山間部／沿岸部／海上海岸　には　**濃霧**／**大雨**／**波浪**／**洪水**　注意報／警報　が**発令**されました。

❹ ＊台風用語　◆**北上する**　◆**上陸する** to land, to make land-fall　Đổ bộ, lên bờ　◆**それる** to swerve away from, to veer off course　Chệch hướng

交通情報

❶ 新幹線／長距離電車／JR線／私鉄・地下鉄各線　は　**順調に流れて**います。／**ダイヤ通り**の運転をしています。

ダイヤ通り：(running) on schedule　Theo lịch trình (tàu điện)

❷ 高速道路／一般道路　の　上り線↔下り線／両方向とも　〜付近で／**を先頭に〜まで**　**流れが悪くなって**います。／**一車線規制**となっています。

一車線規制：one lane traffic control　Quy chế 1 làn xe

❸ 〜行き〜便は**〜の影響で**　**欠航**となりました。／出発を**見合わせて**います。

欠航：flight cancellation　Hủy chuyến bay
出発を見合わせる：to postpone departure, to suspend operation　Hoãn khởi hành

復旧の見通しは立っておりません。There is no schedule for when service will be restored. Chưa biết khi nào được khôi phục trở lại.

地震情報

❶ ただ今、〜で地震を**観測**しました。この地震による**津波の恐れ**はありません。

❷ 津波が来ます。高台に**避難**してください。A tsunami is coming. Please evacuate to high ground. Báo động sóng thần. Hãy di tản đến những vùng đất cao.

◆**震源** quake epicenter　Tâm chấn　◆**マグニチュード** magnitude　Cường độ chấn động　◆**震度** seismic intensity　Chấn độ, cấp độ động đất

れんしゅう

（答えは別冊 p.20）

CD を聞いて、質問の答えとして最もよいものを一つ選んでください。

CD1 55　1番

① ② ③ ④

1　沖縄北部は震度４を観測した
2　沖縄に津波警報が発令された
3　地震は午前５時 41 分ごろ発生した
4　３mの高さの津波が予想されている

CD1 56　2番

① ② ③ ④

1　遠回りして電車で会社に行く
2　振り替え輸送のバスで会社に行く
3　今日は休むと会社に連絡を入れる
4　電車が復旧するのを待つ

振り替え輸送のバス＝代行バス（電車が動かないときの代わりのバス）

懲りる：
to regret (doing something), to learn one's lesson
Hối tiếc, rút ra một bài học

CD1 57　3番

① ② ③ ④

小春日和＝春のように暖かい冬の日

2 指示を聞こう

✿指示を聞くための語彙や表現を覚えよう！

病院・薬局

薬の種類	内服薬（＝口から飲むもの） ↔ 外用薬（点眼・点鼻・貼り薬 adhesive skin patch Thuốc dùng ngoài da, thuốc dán ・塗り薬 ointment, medicinal cream Thuốc bôi, thuốc thoa など）
薬の飲み方	食前・食後・食間・就寝前（＝寝る前）
	頓服（痛みのあるとき、発熱時など）　（空腹時を）避ける

- 処方箋　prescription　Toa thuốc
- （就寝前に）服用する　to take (medicine)　Uống thuốc
- （酒やタバコを）控える　to refrain from, to cut back on　Kiêng cữ, nhịn, tránh
- （ビタミンCを）摂取する　to take in, to absorb (nutrients)　Hút, hấp thụ
- （マスクを）着用する　to put on, to wear　Đeo, mang

車内マナー

- 詰める　to pack in, to move closer together　Xích vào, dồn sát vào
  - ドア付近に立ち止まらず、中ほどにお詰めください。
  - 座席は８人掛けです。お詰め合わせてお掛けください。
- 網棚　rack (above the seats)　Giá để hành lý
- 吊り革　strap　Đai da
- 手すり　hand rail　Tay vịn

学校・大学

課題	◆提出の締め切り　◆下書き rough draft Bản nháp, bản thô ↔ 清書
ゼミの発表	◆配布資料 ↔ 読み原稿
	◆発表要旨 abstract Bản tóm tắt bài phát biểu　◆箇条書き itemized list Danh sách các hạng mục
研究計画	◆背景 background Bối cảnh, nền　◆構成　◆分析　◆考察　◆先行研究　◆参考文献

会社・職場

- 業績を上げる　to improve performance　Nâng cao thành tích
- 企画を練る　to formulate a plan　Vạch kế hoạch
- 市場調査　market research　Điều tra thị trường
- 検討する　to consider, to examine　Xem xét, khảo sát
- 販促品（＝販売促進のために商品におまけとしてつけるもの）
- 候補　potential choice, candidate　Ứng tuyển, ứng cử
- コスト／人件費を抑える　to curb costs/labor expenses　Tiết chế chi phí / chi phí nhân công
- 納期　delivery (date)　Hạn nộp, ngày giao hàng
- 見積書　estimate, price quote　Bảng báo giá
- 請求書　invoice　Hóa đơn
- 納品書　delivery statement　Hóa đơn giao hàng
- 領収書

れんしゅう

（答えは別冊 p.21）

CD を聞いて、質問の答えとして最も良いものを一つ選んでください。

CD1 58 **1番** ① ② ③ ④

1 トローチの服用後 30 分は飲食しない
2 マスクを就寝時に着用する
3 酒はできるだけ控える
4 果物は何でも積極的に摂取する

CD1 59 **2番** ① ② ③ ④

1 足を投げ出して座席に座らないでほしい
2 黄色い吊り革付近では携帯電話を切ってほしい
3 窓開けなどして車内の換気に協力してほしい
4 網棚に新聞や雑誌などを置いていかないでほしい

CD1 60 **3番** ① ② ③ ④

トローチ：
throat drop, cough drop
Viên ngậm trị ho

覆う：
to cover　Che

煩わしい：
bothersome, annoying
Vướng víu

刺激がある：
to irritate, to bother (a part of the body)
Gây kích thích

第三章

3 説明を聞こう

✿説明を聞くための語彙や表現を覚えよう！

グラフ

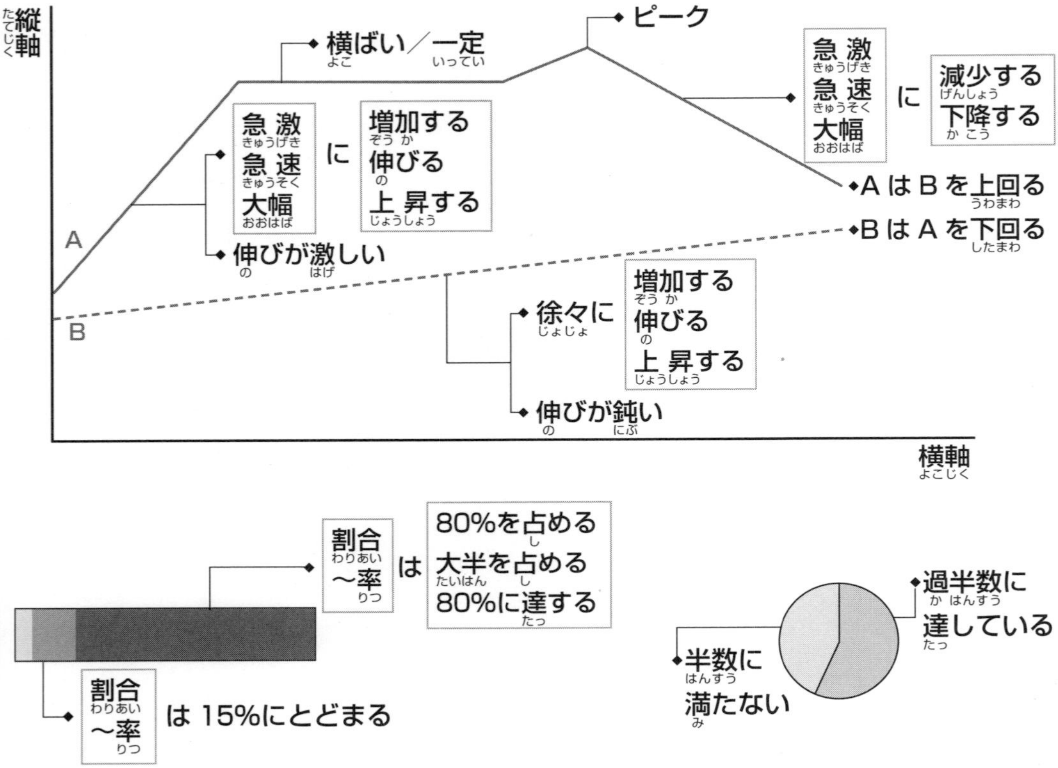

紹介

国や地域	地理・気候・歴史・文化・産業など
動植物	種類・生態・育て方など
芸術作品	ジャンル（genre　Loại, thể loại）・作者の経歴・作風・評価など
製品	価格・機能・性能・サポート・保証など
人物	性別・年齢・国籍・経歴・性格など

不具合

機器や施設	◆画像が乱れる	image is blurry Hình ảnh bị nhiễu, nhòe	◆ランプが点滅する	lamp blinks Đèn chập chờn
	◆エラーになる	error occurs Phát sinh lỗi	◆音声が途切れる	sound cuts out Âm thanh ngắt quãng
	◆充電できない	does not charge Không thể sạc điện	◆電源が入らない	does not turn on Không vào điện
	◆水が漏れる	water leaks Nước bị rò rỉ	◆排水溝がつまる	clogged drainage ditch Cống thoát nước bị nghẽn

れんしゅう

（答えは別冊 p.22）

CDを聞いて、質問の答えとして最もよいものを一つ選んでください。

CD1 61 **1番** ① ② ③ ④

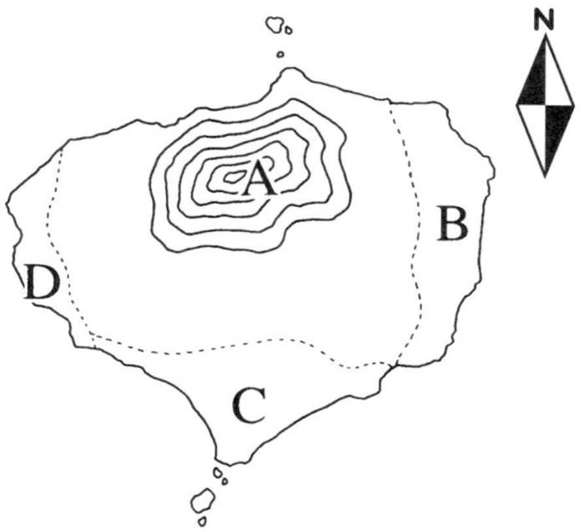

1 AとB
2 AとC
3 BとC
4 CとD

CD1 62 **2番** ① ② ③ ④

1 大幅に上回る
2 わずかに下回る
3 落ち込みが激しい
4 ほとんど変わらない

CD1 63 **3番** ① ② ③ ④

第3章　いろいろなタイプの話を聞こう

4　テーマや言いたいことを聞こう

✿表現に注意して趣旨を聞き取ろう！

寝るのが好き、
勉強が嫌いで、
努力が苦手、
これを要約すると？
ぐうたら！
僕のこと？

＊ぐうたら：lazy, idle
Lười nhác

言いたいこと

Aという理由や問題点を示す	◆ Aだし
	◆ Aなんだ
	◆ Bはいいが、Aがちょっと…
Aという一番の理由を表す	◆ Bもあるが、やはりなんといってもA
	◆ BもさることながらA　while B is… A is, not only B… but also A / Không chỉ B, mà còn A / B thì hẳn nhiên, lại còn A
	◆ Aほど…はない
	◆ Bはなんとか…Aが問題
	◆ Bと言う人もいるが、私にとってはA

結論

Aする	◆ Aするべきだと思う	Aはしない	◆ A（するの）もなんだから
	◆ Aするしかない		◆ Aよりも…
	◆ Aせざるを得ない　have no other choice but to do A / Đành phải A / Không còn cách nào khác ngoài A		◆ Aするつもりはない
			◆ Aは今回は見送る

★話し言葉は理路整然と結論や理由が並んでいないので、それらを表す表現に注意しよう！

In spoken Japanese the reason and final conclusion are not clearly laid out. The important thing is to pay attention to expressions used to indicate these important bits of information.

Trong văn nói tiếng Nhật, "kết luận" hay "lý do" không được sắp xếp trước sau rõ ràng, nên cần phải chú ý các cụm từ thể hiện những yếu tố đó.

要約の例

❶ 地域の
- 発展
- 交流
- 活性化：activation, revitalization　Vực dậy, đem lại sức sống mới
- 再生

❷ 伝統芸術の
- 魅力
- 保護
- 衰退：decline　Suy tàn, thoái trào
- 継承：continuation, succession　Kế thừa, nối tiếp

❸ 業務の
- 概要：overview　Tóm lược, khái quát
- 流れ：flow　Quy trình, quá trình
- 引き継ぎ：to take on (someone's duties)　Tiếp quản, tiếp nhận chuyển giao (công việc)
- 効率化：streamlining　Tăng năng suất,làm cho hiệu quả hơn

❹ 品質の
- 評価
- 維持：maintenance, preservation　Duy trì
- 向上：improvement, enhancement　Nâng cao, cải thiện
- 劣化：deterioration　(Chất lượng) xuống cấp

★ 聞き取った内容の要約を選ぶ問題があるので、要約に慣れよう！

There are also questions that ask you to select the most accurate summary of the information you just heard. Work on picking out the main points of passages in conversation.　Sẽ có những câu hỏi yêu cầu chọn tóm tắt đúng nhất của nội dung nghe, nên hãy làm quen với việc tóm tắt nội dung, các bạn nhé!

れんしゅう
（答えは別冊 p.23）

CDを聞いて、質問の答えとして最も よいものを一つ選んでください。

1番 ① ② ③ ④

1 自転車専用の道路をつくる
2 無謀運転の車に対する罰則を強化する
3 自転車も免許制にして自賠責保険に加入させる
4 ブレーキのない自転車を売る業者を取り締まる

2番 ① ② ③ ④

1 品質の劣化
2 効率化の利点と欠点
3 人件費の削減
4 店員の低年齢化

3番 ① ② ③ ④

無謀な：
rash, thoughtless
Khinh suất, không thận trọng

罰則：
penalty (for breaking the law)　Hình phạt

自賠責保険：
mandatory vehicle liability insurance
Bảo hiểm trách nhiệm bồi thường thiệt hại xe hơi

バーコード：
bar code　Mã vạch

代償：
compensation, trade-off
Tiền bồi thường, tiền đền bù

第3章　いろいろなタイプの話を聞こう

5　まとめ問題

時間：12 分

答えは別冊 p.24 ～ 26

点数　／100

問題 I

10 点 × 3問

まず質問を聞いてください。それから話を聞いて、1～4の中から最もよいものを一つ選んでください。

CD2-1　1番　① ② ③ ④

1　銀行口座に振込みをする
2　振込みの控えを印刷する
3　返送用の封筒を用意する
4　メモに必要事項を書く

CD2-2　2番　① ② ③ ④

1　顔
2　体型
3　体質
4　性格

CD2-3　3番　① ② ③ ④

1　この路線は運休となる
2　路線を一部変更して運行される
3　みどり高校には止まらない
4　運行時刻が大幅に変更になる

問題Ⅱ

10点×3問

まず質問を聞いてください。そのあと、選択肢を読んでください。読む時間があります。それから話を聞いて、1～4の中から、最も良いものを一つ選んでください。

CD2 4 **1番** ① ② ③ ④

1 台風が上陸しそうだ
2 台風の影響はなさそうだ
3 台風の影響で雨や風が強くなりそうだ
4 台風が通り過ぎて晴天になりそうだ

CD2 5 **2番** ① ② ③ ④

1 汚れていた
2 サイズを間違えて頼んだ
3 頼んだ色と違うものが届いた
4 カタログの写真とイメージが違っていた

CD2 6 **3番** ① ② ③ ④

1 発表のテーマは自由に決められる
2 読み原稿は提出する必要がない
3 発表要旨は箇条書きにまとめる
4 A4の紙1枚に要旨と読み原稿を書く

問題Ⅲ

20点×2問

この問題は、全体としてどんな内容かを聞く問題です。話の前に質問はありません。まず話を聞いてください。それから質問と選択肢を聞いて、1～4の中から、最も良いものを一つ選んでください。

CD2 7 **1番** ① ② ③ ④

CD2 8 **2番** ① ② ③ ④

第4章（だいしょう）

いろいろな語彙（ごい）や表現（ひょうげん）を覚（おぼ）えよう

1　よく聞くカタカナを覚えよう①

✿会社や学校で使われるカタカナ語を覚えよう！

今度のプロジェクトを
シミュレーションしてみましたが、
コンセプトが…
それ、
日本語なの??
聞き取りのために、
語彙を
増やしましょう！

会社関係

プロジェクト（＝企画）	project　项目计划 Kế hoạch, dự án	◆今度のプロジェクトは…
シミュレーション	simulation　模拟测试 Bắt chước, mô phỏng	◆シミュレーションした結果…
マーケティング	marketing　Tiếp thị	◆海外のマーケティングに取り組む
プレゼンテーション	presentation Sự trình diễn, trình bày, thuyết trình	◆プレゼンで緊張した。 ＊「プレゼン」とも言う。
アピール	appeal　Quảng bá, giới thiệu	◆新商品をアピールする
コンセプト	concept　Ý tưởng, khái niệm	◆デザインのコンセプト
キャンペーン	campaign Chiến dịch,cuộc vận động	◆キャンペーンをうつ
タイミング	timing　Thời điểm	◆タイミングが悪い
コスト	cost　Chi phí	◆コストダウンする＝コストを削減する （↔コストアップ）
クライアント	client　Khách hàng	◆クライアントと打ち合わせする
カンファレンス	conference　Hội nghị	◆カンファレンスに参加する ＊「コンファレンス」とも言う。
オファー	offer Chào hàng, đề nghị (công việc)	◆オファーが来る
キャリア	career　Nghề nghiệp, sự nghiệp	◆キャリアアップ　◆キャリアウーマン
リストラ	corporate downsizing, corporate layoffs　Tái cấu trúc, tái cơ cấu	◆リストラにあう

学校関係

オリエンテーション	orientation Buổi/sự định hướng	◆新入生オリエンテーション
ゼミ / ゼミナール セミナー	seminar　Chuyên đề/ hội thảo	◆田中先生のゼミをとる ◆セミナーを開催する： to hold a seminar　Tổ chức hội thảo
サマリー	summary Bảng tóm tắt	◆論文のサマリー
インターンシップ	internship Việc thực tập	◆インターンシップに申し込む
ガイダンス	guidance　Hướng dẫn	◆就職ガイダンス　◆音声ガイダンス
ボーダーライン	borderline, cutoff line Ranh giới, ngưỡng	◆合格ボーダーライン

れんしゅう（答えは別冊 p.27）

CD を聞いてください。

まず文を聞いてください。それからその返事を聞いて、１～３の中から最もよいものを一つ選んでください。

CD2-10 **1番**

① ② ③

CD2-11 **2番**

① ② ③

CD2-12 **3番** 質問の答えとして、最もよいものを一つ選んでください。

① ② ③ ④

1 商品のデザインがよくなかった
2 商品の性能がよくなかった
3 キャンペーンの時期が早すぎた
4 商品のアピールに問題があった

CD2-13 **4番** 質問の答えとして、最もよいものを一つ選んでください。

① ② ③ ④

支持する：
to prefer a product
Ủng hộ, hỗ trợ

提示する：
to present, to show (an idea or object)
Xuất trình, trình bày

フォーマット：
format
Hình thức, thể thức

ガイドライン：
guidelines
Hướng dẫn, lời khuyên

2　よく聞くカタカナを覚えよう②

✿省略形や使い方に注意しよう！

僕は
コネがないのが
ハンデです。
私は
キャリアがないのが
ハンデです。
僕は
カネがないのが
ハンデです。

★日本で作られたカタカナ語にも注意しましょう。

省略形に注意しよう

インフレ	inflation（英語）	◆インフレに苦しむ ↔デフレ	to suffer from inflation Khổ sở vì lạm phát
アポ	appointment（英語）	◆アポを取る	to secure an appointment Hẹn, đặt cuộc hẹn
コネ	connection（英語）	◆コネで就職する	get a job through one's connection Tìm việc thông qua quan hệ quen biết
ハンデ	handicap（英語）	◆ハンデを克服する	succeed in spite of having a handicap Khắc phục những trở ngại, bất lợi
マンネリ	mannerism（英語）	◆マンネリ化する	get into a rut Theo lối mòn, bị rập khuôn
セクハラ	sexual harassment（英語）	◆セクハラを受ける	be sexually harassed Bị quấy rối tình dục
マザコン	mother complex（英語）	◆彼はマザコンだ	He's a mommy's boy. Anh ta là một anh chàng cuồng mẹ
インテリ	intelligentsiya（ロシア語）	intellectual　(Thuộc về) trí tuệ, có trí tuệ, người trí thức	
セレブ	celebrity（英語）	celebrity　Người nổi tiếng	

使い方に注意しよう

マスコミ	◆マスコミで働く	work in the mass media Làm việc trong ngành truyền thông đại chúng
リストラ	◆不景気でリストラされる	get laid off in bad economy Bị sa thải/giảm biên chế vì khủng hoảng kinh tế
クレーム	◆クレームをつける	complain Than phiền, phàn nàn
ブレイク	◆コーヒーブレイク	a coffee break Uống cà phê giải lao
ブレーク	◆今年大ブレークした曲	The major hit song of the year. Ca khúc nổi bật trong năm nay
アットホーム	◆アットホームな雰囲気のレストラン	a cozy restaurant Nhà hàng có bầu không khí ấm cúng (như ở nhà)
プレッシャー	◆プレッシャーがかかる	be pressured Chịu áp lực
テンション	◆テンションが上がる ＊「テンションが高い」は「興奮する」の意味に使われる。	one's excitement level goes up Hứng khởi

日本でできた語

バージョンアップ	upgrade　Nâng cấp (phiên bản mới)	グレードアップ	upgrade, improve　Nâng cấp lên
アフターサービス	after-sales service, follow-up service Dịch vụ hậu mãi	バイキング	all-you-can-eat buffet Hình thức ăn búp-phê/tự chọn
サイドビジネス	(＝副業)　side job Nghề tay trái	フリーター	job-hopping part-time worker Người làm nghề tự do
ドクターストップ	doctor's orders to stop (doing some-thing) Những việc bị cấm theo chỉ định của bác sỹ	ペーパードライバー	person with a driver's license that never drives Người có bằng lái nhưng chưa lái thực tế bao giờ
ワンパターン	＊変化がなく、面白みがないこと　◆ワンパターンな行動		

れんしゅう　（答えは別冊 p.28）

CD を聞いてください。

まず文を聞いてください。それからその返事を聞いて、１～３の中から最もよいものを一つ選んでください。

CD2 14 **1番**　① ② ③

CD2 15 **2番**　① ② ③

CD2 16 **3番**　質問の答えとして、最もよいものを一つ選んでください。

① ② ③ ④

1　雰囲気
2　量
3　値段
4　味

CD2 17 **4番**　質問の答えとして、最もよいものを一つ選んでください。

① ② ③ ④

「女の人」について質問されていることに注意！

DM：direct message
Quảng cáo qua thư

業種：industry type
Ngành nghề

第4章　いろいろな語彙や表現を覚えよう

3　言い換えの言葉を覚えよう

✿選択肢では言い換えられている場合が多いので注意しよう！

リスクを回避する方法を見つけましょう。
「リスク」って何？
「回避する」って何？
君って、本当に語彙が弱いね～
問題は語彙だけじゃないと思うけど…

★声に出して読みながら覚えましょう。

言い換え		
シチュエーション	＝場面、状況	◆シチュエーションに応じて敬語を使い分ける
リサーチする	＝調査する	◆消費者の動向をリサーチする 動向：trend, tendency　Khuynh hướng, xu hướng
リスク	＝危険	◆リスクが大きい　◆リスクをおかす
シェアする	＝分け合う	◆サラダをシェアする　◆部屋をシェアする
コントロールする	＝制御する、調節する to control, to adjust Điều khiển	◆感情をコントロールする ◆物価をコントロールする
ケアする	＝介護する to care for, to look after (an elderly or sick person)　Chăm sóc, điều dưỡng	◆高齢者をケアする ＊爪をケアする＝手入れする
ネックになる	＝障害になる to be an obstacle or impediment Chướng ngại, rào cản	◆学歴のないことがネックになる ＊英語の bottleneck から
回避する	＝逃れる、避ける to run away from, to avoid Né tránh	◆リスクを回避する　◆責任を回避する
警戒する	＝注意する	◆津波を警戒する
記載する	＝載せる	◆住所を記載する　◆表に記載する
殺到する	＝急にたくさん来る	◆客が店に殺到する　◆本の注文が殺到する
備える	＝準備する、用意する	◆地震に備える　◆将来に備える
控える	＝できるだけ～しないようにする	◆酒を控える　◆塩分を控える
おびえる	＝こわがる	◆物音におびえる　不安におびえる
妨げる	＝邪魔する	◆進行を妨げる ◆安眠を妨げられる　安眠：good night's sleep, peaceful sleep　Ngủ ngon
添付する	＝付け加える、添える	◆領収書を添付する
貼付する	＝貼る	◆写真を貼付する
はまる〈俗語〉	＝熱中する	◆ゲームにはまる　◆タイ料理にはまる

れんしゅう

（答えは別冊 p.29）

CD を聞いてください。

まず文を聞いてください。それからその返事を聞いて、１～３の中から最もよいものを一つ選んでください。

CD2 18 **1番** ① ② ③

CD2 19 **2番** ① ② ③

CD2 20 **3番** 質問の答えとして、最もよいものを一つ選んでください。

① ② ③ ④

1　用紙に必要事項を書く
2　写真を切る
3　3番の窓口へ行く
4　写真を貼る

申請する：
to apply (for something)
Xin, yêu cầu

CD2 21 **4番** 質問の答えとして、最もよいものを一つ選んでください。

① ② ③ ④

体格：
a person's build, physique　Thể chất

苦に思う：
to be bothered (by something)
Khó khăn, phiền toái

メリット＝長所：
virtue, strong point
Sở trường, điểm mạnh

維持する：
to maintain, to preserve
Duy trì

第四章

4　よく聞く表現を覚えよう

✿会話によく使われる副詞や特別な表現を覚えよう！

お母さん、
かんかんだよ。
もうさんざん
怒られたよ。

副詞

さんざん	①程度が激しい	◆さんざん苦労した。
	②結果や状態などが非常に悪い様子	◆さんざんな目にあった。 to have an awful time of it Gặp phải chuyện kinh khủng.
ほどほど	ちょうどよい程度	◆酒はほどほどにしなさい。
やれやれ	①安心したときに言う	◆やれやれ、やっと終わった。
	②疲れたときやがっかりしたときに言う	◆やれやれ、困ったな。
しぶしぶ	気が進まず、いやいやながら物事をする様子	◆しぶしぶ引き受ける
くよくよ(する)	悩んでも仕方がないことに悩む様子	◆終わってしまったことにくよくよするな。
だらだら(する)	怠けて過ごす様子	◆家でだらだらする
はらはら(する)	心配で落ち着かない様子	◆見ていてはらはらする。
かっと(する)	急に怒る様子	◆すぐにかっとする性格
かんかん(になる)	激しく怒る様子	◆父がかんかんになっている。
へとへと(になる)	非常に疲れている様子	◆へとへとだ。 ◆へとへとに疲れる

いろいろな表現

コツをつかむ	get the hang of it Biết mẹo (cách làm), nắm bắt bí quyết	◆聞き取りのコツをつかむ。
めどが立つ	have some idea as to when/how it will be done　Có triển vọng/hy vọng về	◆仕事のめどが立つ。
ぐちを言う	complain　Phàn nàn, than phiền	◆職場のぐちを言う。
いざというとき	when the need arises Khi cần, lúc khẩn cấp	◆いざというときのために備えよう。
きりがいいところで	a good stopping point Thời điểm thuận tiện	◆きりのいいところで休もう。
きりがない	there's no end Không có điểm dừng, bất tận	◆欲を言えばきりがない。 the more one has, the more one wants Ham muốn thì không bao giờ có điểm dừng
あやふや(な)	lack of sure (knowledge), shaky, vague　Mờ nhạt, mơ hồ	◆あやふやな知識　◆記憶があやふやだ。
ちんぷんかんぷん	incomprehensible, makes no sense at all　Khó hiểu	◆彼の言うことはちんぷんかんぷんだ。
いまいち〈俗語〉	average at best, nothing spectacular Không tốt lắm, không đặc biệt lắm	◆彼女の成績はいまいちだ。
空気を読む	to be aware of what's going on, to read between the lines　Nhận thức/đọc vị được tình hình/người xung quanh	◆彼は周りの空気を読めない人だ。

れんしゅう （答えは別冊 p.30）

CD を聞いてください。

まず文を聞いてください。それからその返事を聞いて、１～３の中から最もよいものを一つ選んでください。

CD2 22 **１番** ① ② ③

CD2 23 **２番** ① ② ③

CD2 24 **３番** 質問の答えとして、最もよいものを一つ選んでください。

① ② ③ ④

1 写真を拡大する
2 文字数を変更する
3 販売予定日を訂正する
4 写真の色を修正する

CD2 25 **４番** 質問の答えとして、最もよいものを一つ選んでください。

① ② ③ ④

「～わ、～わ…」：悪いことを重ねて表現する言い方

修正する：
to correct, to fix
Chỉnh sửa

殻に閉じこもる：
to shut others out, to withdraw into one's shell
Thu mình trong vỏ ốc

登校拒否：
refuse to go to school
Trốn học

5　まとめ問題

時間：12分
答えは別冊 p.31 ～ 35

点数　／100

問題Ⅰ

10点 × 3問

まず質問を聞いてください。それから話を聞いて、1～4の中から最もよいものを一つ選んでください。

CD2 26　1番　① ② ③ ④

1　パソコンの説明書を読み直す
2　電話でトラブルについて相談する
3　インターネットで質問してみる
4　パソコンを再起動させる

CD2 27　2番　① ② ③ ④

1　就職課で書類をもらう
2　インターンシップ先をリサーチする
3　会社のセミナーを受ける
4　セミナーのスケジュールを調整する

CD2 28　3番　① ② ③ ④

1　来週は働かない
2　1日だけ働く
3　2日間働く
4　3日間働く

問題Ⅱ

10点×3問

まず質問を聞いてください。そのあと、選択肢を読んでください。読む時間があります。それから話を聞いて、1～4の中から、最もよいものを一つ選んでください。

CD2 29 **1番** ① ② ③ ④

1　転職する会社の給料が思ったよりよくないこと
2　友人が次々と転職し、取り残されたように感じること
3　今の仕事がキャリアアップにつながらないこと
4　今の経験を活かした転職ができないこと

CD2 30 **2番** ① ② ③ ④

1　一生独身のまま過ごすつもりだ
2　結婚しても幸せになれるかどうかわからない
3　結婚に備えて、お金を貯めておくべきだ
4　結婚したいと近づいてくる男には注意したほうがいい

CD2 31 **3番** ① ② ③ ④

1　女の人に誤解されてあきれている
2　女の人に悪いことを言ったと思っている
3　女の人がコツを覚えないのでイライラしている
4　女の人に感謝されるべきだと思っている

問題Ⅲ

20点×2問

この問題は、全体としてどんな内容かを聞く問題です。話の前に質問はありません。まず話を聞いてください。それから質問と選択肢を聞いて、1～4の中から、最もよいものを一つ選んでください。

CD2 32　1番　① ② ③ ④

CD2 33　2番　① ② ③ ④

第5章

総まとめ問題

第5章　総まとめ問題

時間：30分

答えは別冊 p.36 ～ 44

点数　／100

問題Ⅰ

4点×4問

まず質問を聞いてください。それから話を聞いて、1～4の中から最も良いものを一つ選んでください。

CD2 34　1番　① ② ③ ④

1　強制終了と再起動のやり方
2　ウイルス対策ソフトの使い方
3　システムの復元の仕方
4　バックアップのやり方

CD2 35　2番　① ② ③ ④

1　処方箋を薬局に出す
2　処方箋を病院でもらってくる
3　車を駐車場に移動させる
4　問診票に記入する

CD2 36

3番

① ② ③ ④

1　ガイダンスに出席する
2　プレースメントテストを受ける
3　学務で受講申し込みをする
4　留学生担当の先生のところへ行く

CD2 37

4番

① ② ③ ④

1　誠意のある態度で接すること
2　失敗は許されないと考えること
3　寛大な態度で接すること
4　お世辞でご機嫌をとること

問題Ⅱ

5点×5問

まず質問を聞いてください。そのあと、選択肢を読んでください。読む時間があります。それから話を聞いて、1～4の中から、最もよいものを一つ選んでください。

1番　① ② ③ ④

1　北上を続けて明日には関西地方を直撃する
2　今夜には進路を東に変える見込みだ
3　勢力を増して関東地方に上陸する恐れがある
4　日本海側に抜ける見込みだ

2番　① ② ③ ④

1　画像が必要かどうかの確認
2　画像が見られるかどうかの確認
3　資料が届いたかどうかの確認
4　資料の送付方法の確認

3番　① ② ③ ④

1　移動の仕方
2　巣の作り方
3　えさの捕り方
4　足の使い方

CD2 41

4番

① ② ③ ④

1 国民が飽きっぽくなった
2 国民の期待する人物がいない
3 国民が政治に無関心になった
4 大統領制にするべきだ

CD2 42

5番

① ② ③ ④

1 町全体がごった返している点
2 人がぶつかりあわずに歩ける点
3 人の服装や態度が大人っぽい点
4 建物の外で自由に喫煙できる点

問題Ⅲ

5点×4問

この問題は、全体としてどんな内容かを聞く問題です。話の前に質問はありません。まず話を聞いてください。それから、質問と選択肢を聞いて、1～4の中から、最も良いものを一つ選んでください。

CD2 43 1番 ① ② ③ ④

CD2 44 2番 ① ② ③ ④

CD2 45 3番 ① ② ③ ④

CD2 46 4番 ① ② ③ ④

問題Ⅳ

3点×7問

まず文を聞いてください。それからその返事を聞いて、1～3の中から最もよいものを一つ選んでください。

CD2 47 1番 ① ② ③

CD2 48 2番 ① ② ③

CD2 49 3番 ① ② ③

CD2 50 4番 ① ② ③

CD2 51 5番 ① ② ③

CD2 52 6番 ① ② ③

CD2 53 7番 ① ② ③

問題Ⅴ

1番、2番：5点×2問
3番：4点×2問

長めの話を聞きます。メモをとってもかまいません。

1番、2番は、まず話を聞いてください。それから質問と選択肢を聞いて、1～4の中から、最もよいものを一つ選んでください。

CD2 54 **1番** ①　②　③　④

CD2 55 **2番** ①　②　③　④

3番は、まず話を聞いてください。それから二つの質問を聞いて、それぞれ1～4の中から、最もよいものを一つ選んでください。

CD2 56 **3番** 質問1 ①　②　③　④

1　修正テープ
2　ホッチキス
3　ブックライト
4　電子メモ帳

質問2 ①　②　③　④

1　修正テープ
2　ホッチキス
3　ブックライト
4　電子メモ帳

イラスト	花色木綿
翻訳・翻訳校正	株式会社ラテックス・インターナショナル（英語） Tre Publishing house（ベトナム語） NGUYEN DO AN NHIEN（ベトナム語校正）
ナレーション	沢田澄代　眞水徳一　田丸楓　山中一徳
録音・編集	スタジオ グラッド
DTP	りんがる舎／朝日メディアインターナショナル株式会社
装丁	岡崎裕樹
印刷・製本	日経印刷株式会社

「日本語能力試験」対策
日本語総まとめ N1 聴解 [英語・ベトナム語版]

2019年1月25日　初版　第1刷発行

本体価格　1,600円

著　者　佐々木仁子・松本紀子
発　行　株式会社アスク出版
〒162-8558　東京都新宿区下宮比町2-6
TEL　03-3267-6864
発行人　天谷修身

ISBN978-4-86639-243-1

アンケートにご協力ください
ご協力いただいた方には抽選で記念品を進呈いたします。
We will provide a token of our gratitude for your cooperation with the survey.
Chúng tôi sẽ tiến hành bốc thăm tặng quà kỷ niệm cho quý vị đã hợp tác.

PC　https://www.ask-books.com/support/　Smartphone

解答・スクリプト

こちら側に引っ張って切り離してください。

1　発音に関する聞き取り

(p.13)

	スクリプトとこたえ
1番 CD1 2	例題)　まち(町)　マッチ ① く**っ**せつ(屈折) ② バスケ**ッ**ト ③ じ**っ**かん(実感) ④ やり**っ**ぱなし ⑤ カ**ッ**プル ⑥ ほ**っ**そく(発足) ⑦ ピクニ**ッ**ク ⑧ し**っ**たかぶり(知ったかぶり)
2番 CD1 3	例題)　**しゅるい**が**おおい**(種類が多い) ① **おうべい**の**メーカー**(欧米のメーカー) ② **とうけい**の**データ**(統計のデータ) ③ **おおはば**な**へんこう**(大幅な変更) ④ **どりょく もくひょう**(努力目標) ⑤ **どうそうかい**の**あんないじょう**(同窓会の案内状)
3番 CD1 4	例題)　これ、冷蔵庫に**いれとく**ね。 (**いれておく**) ① ちょっと**さがしゃ**、すぐ見つかるのにね。 (**さがせば**) ② 誰もこんなもの、**ぬすみゃ**しないだろう。 (**ぬすみは**) ③ 彼は僕の言うことなんか、**ききゃ**しないよ。 (**ききは**) ④ わざわざ送って**くんなくたって**、そのうち取りに行くよ。 (**くれなくても**)

第1章　準備しよう

2　文法に関する聞き取り①

(p.15)

		こたえ	スクリプト
1番 CD1 5	例題)	1	食べないこともない。
	①	2	もう少しで車にひかれるところだった。
	②	2	昨日までに申し込まなきゃいけなかったんだ。
	③	1	困らせるつもりはなかったんです。
	④	1	早く気がついてよかった。
	⑤	1	あんなに強がらなくてもいいのに。
2番 CD1 6	①	3	女：本当にいい娘さんなのよ。一度会ってみたら？ 男：何度言ったらわかるんだよ。会うつもりはないから。
	②	3	男：なんだ、チケット持ってる人は、並ばなくても入れたんだね。 女：並んで損しちゃったね(※)。
	③	2	女：うるさいね、あの人たち。 男：注意すればいいんだろうけどね。 女：ね、本当はね。
	④	2	女：あれ？　なあんだ…この店で買ったほうが安かったんだねー。 男：ほんとだ。まあ、でも、大して変わらないから。買えたからいいんじゃない？
	⑤	1	男：君があそこでぐずぐずしていなかったら、今のバスに乗れたのに。 女：そんなこと言ったって、あの場合しょうがなかったでしょ？

(※) 損をする＝この場合、つまらない目にあうという意味

3　文法に関する聞き取り②

(p.17)

		こたえ	スクリプト
1番 CD1 7	例題)	2	田中様がお見えです。
	①	2	鈴木さんとおっしゃいます。
	②	1	先生はご存知です。
	③	1	千円頂戴します。
	④	1	どうかなさいましたか。
	⑤	2	問題はないかと存じます。
2番 CD1 8	①	1	男：明日の午前中に着くように送ってください。 女：はい、ご注文ありがとうございました。田中が承りました。 男：じゃ、よろしく。
	②	3	男：今日は、その美術館へは、おいでにならないほうがよろしいかと存じますが…。 女：とおっしゃいますと？ 男：休み明けで混み合うかと…。
	③	2	男：お飲み物はあとになさいますか。 女：いえ、先に。 男：あ、お客様、恐れ入りますが、おタバコはご遠慮願えませんか。
	④	2	男：無理を申しまして、恐縮です。通りがかったら、あんまりお花がきれいなんで…。 女：いえいえ、こんな庭でよろしかったら、どうぞ。ご遠慮なさらずに…。 男：では、お言葉に甘えて(※)…失礼致します。
	⑤	2	男：名前、ここに書けばいいの？ 女：いらっしゃいませ。お客様、お一人様ですか？ 男：いや、あとで2人来るんで。…人数、書いとけばいいよね？ 女：はい、恐れ入ります。お席が空き次第、順番にご案内いたしますので。

(※)　お言葉に甘えて：if you kindly insist　Nương theo/Thể theo lời của anh/chị

第1章　準備しよう

4　会話表現

(p.19)

		こたえ	スクリプト
1番 CD1 9	①	2	男：お客さんと一緒だったから、電話できなかったんだよ。 女：だからって…。
	②	2	男：…でさー、部長が怒っちゃってさー、ははは、おもしろいだろ？ 女：おもしろいもんですか。
	③	1	男：あれ？　今、あのネコしゃべった？　しゃべったよね？ 女：まさか！
	④	1	男：コンサートのチケットがあるんですが、一緒にいかがですか。 女：せっかくですが…。
	⑤	1	男：あの人、毎日のように、何か借りに来るよね。 女：厚かましいったら(※)ないんだから。
	⑥	2	男：おいおい、ひどいね、前の車！　窓からゴミ捨てたよ。道路をゴミ捨て場だと思ってたりして…。 女：ああいうことをする人の気が知れないわ。
2番 CD1 10	①	1	男：タバコは、もうきっぱり…
	②	1	男：雨が降るとは言ってたけど、まさか…
	③	2	男：今の職場には、これといって不満は…
	④	2	男：会社に希望を出したところで…
	⑤	1	男：あれ？　本当に病気だったの。君のことだから、てっきり…

(※)　厚かましい＝ずうずうしい

5　まとめ問題

(p.20 ～ 22)

問題Ⅰ

(p.20)

		こたえ	スクリプト	
CD1 11	①	4	ぎゃっこう(逆光)	＊2 学校(がっこう)　3 脚光(きゃっこう)
	②	1	ちゅうかい(仲介)	＊2 紹介(しょうかい)　3 聴解(ちょうかい)　4 集会(しゅうかい)
	③	2	バレーボール(volleyball)	
	④	3	そんざいかん(存在感)	＊1 爽快感(そうかい)　2 疎外感(そがいかん)
	⑤	1	だんたいせん(団体戦)	＊団体戦：team competition　Thi đấu/Giải đồng đội

問題Ⅱ

(p.20 ～ 12)

		こたえ	スクリプト
1番 CD1 12	①	2	席(せき)、取っといたげるね。
	②	1	押(お)してだめなら、引(ひ)いてみりゃいい。
	③	1	遅(おく)れるってったって、ほどがある。
	④	2	よしゃいいのに、引(ひ)き受(う)けちゃった。
	⑤	1	言わなきゃ伝(つた)わんないよ。
2番 CD1 13	①	2	12時までに帰ってくるつもりだったのに。
	②	2	お伝(つた)えするのを忘(わす)れるところでした。
	③	1	つまらないことを言わなきゃよかった。
	④	1	あの道を通らなければ、事故(じこ)に遭(あ)っていなかった。
	⑤	2	これ、返(かえ)さなきゃいけなかったんだ。

		こたえ	スクリプト
3番 CD1 14	①	1	女：ごめん、お待たせー。なんか、どれ着ようか迷って…。それに、お化粧もいまいちうまくできなかったし…。 男：だからって…。
	②	2	女：あれ、素敵ね！ 私もあんなの着たらどうかな。 男：似合うもんか。
	③	1	女：トレー(※1)はここに返せばいいですか。 男：恐れ入ります。
	④	1	女：16日必着(※2)でお願いします。 男：承りました。
	⑤	2	女：もういいかしら。 男：もう少し、時間をおいたほうが(※3)よろしいかと存じます。
4番 CD1 15	①	1	女：傘は？ 男：この風じゃ、傘さしたところで…。
	②	2	女：宝くじ当たった？ 男：まさか！
	③	2	女：どこ行きたい？ 男：これといって…。
	④	1	女：あれ？ 飲み物買ってきたけど、あったのね。 男：せっかくだから…。
	⑤	2	女：おはよう…。 男：え？ 来られたんだ。昨日あんなに具合悪そうだったから、てっきり…。

(※1) トレー：tray　Khay, mâm

(※2) 必着：date by which something must arrive/be received　Hạn giao hàng

(※3) 時間をおく：to give (something) time　Dành thời gian, cho thêm thời gian

問題Ⅲ

(p.22)

		こたえ	スクリプト
CD1 16	①	2	男：これの色違(いろちが)いありますか。 女：グレーでしたら…。あとは、おかげさまで完売(かんばい)となっておりまして。グレーも、あいにく在庫(ざいこ)を切らしておりますが、２週間ほど見ていただければ、お取(と)り寄(よ)せいたしますが…。どうなさいますか。
CD1 17	②	3	男：山本(やまもと)先生をご存知(ぞんじ)ですか。 女：ええ、存(ぞん)じ上げております。 男：山本先生の絵を、どうお思いになりますか。 女：あら、絵もお描(か)きになるんですか、存じませんでした。俳句(はいく)はすばらしいと思いますが。 男：絵も、味(あじ)がありますよ(※1)。
CD1 18	③	1	男：すみません、今日お伺(うかが)いしたいんですが…。 女：今日は予約(よやく)がいっぱいで…。 男：なんとか、お願(ねが)いできないでしょうか。 女：痛(いた)みますか。詰(つ)め物(もの)(※2)がとれたとかですか。 男：そうなんです。痛みはないんですが、明日(あす)から出張(しゅっちょう)なんで…。 女：では、予約の方を優先(ゆうせん)させて頂(いただ)きますので、かなりお待ち願うかと思いますが、よろしければどうぞ。 男：助(たす)かりました。

（※1） 味(あじ)がある：to have a distinct taste, distinct atmosphere　Có nét / phong cách riêng biệt

（※2） 詰(つ)め物(もの)：filling, padding, packing material　Phần (răng) trám/ hàn

第2章　問題のパターンに慣れよう

1　どんな返事をしますか－即時応答－

(p.25)

	こたえ	スクリプト
1番 CD1 21	3	あんなに毎晩遅くまで勉強していたのにねえ…。 1　遅かったということが原因でしょう。 2　なんとか合格できました。 3　本当に…残念でしたねえ…。
2番 CD1 22	1	ごめん、出がけに宅配便が来て…一本遅いのになっちゃって。 1　大丈夫、私も今来たところだから。 2　事故でもあったのかなあ。 3　荷物はあとで配達してもらえるよ。
3番 CD1 23	1	絶対に来るって言ってたのに、あいつ、いったい何考えてんだろう。 1　何かあったんじゃないかなあ。 2　考えてもいいアイデア浮かばないと思うよ。 3　予定に入れてなかったんじゃない？
4番 CD1 24	2	あのう、これ、つまらないものですが、どうぞお納めください。 1　そんなことありませんよ。 2　ああ、どうもご丁寧に、恐縮です。 3　いただきものなので、ご遠慮なく。

2 このあと何をしますか－課題理解－

(p.27)

	こたえ	スクリプト
1番 CD1 26	4	大学で、男の学生と女の学生が話しています。男の学生は明日、どの電車に乗りますか。 男：いや～今日の電車の混みようったらなかったよ。まいった。もう一本早い急行にしてみようかなあ。 女：もう一本くらい早くたって同じよ。いっそのこと(※1)、各駅にしてみれば？ 男：そうだね。ちょっと携帯で調べてみる。…えっと、8時5分前の各駅がある。あー、これだと間に合わないな。えーっと、その前だと…7時45分か…それだと大丈夫だけど、今より15分も早いのはなあ…。やっぱりいつものに乗るしかないっか。あれ？ すぐあとに快速っていうのがある。あ、これでも間に合うなあ。 女：急行のすぐあとなの？ じゃ、そんなに混まないかもよ。 男：そうだよね。明日はそれにしてみるよ。 男の学生は明日、どの電車に乗りますか。
2番 CD1 27	1	会社で、男の人と女の人が話しています。女の人は、このあとまず何をしますか。 男：この書類、大至急(※2)10部ずつコピーして、会議室に持っていってくれる？ あれ？ どうかしたの。 女：ちょっと歯が痛くて…もうすぐ痛み止めが効くと思うんですが…。 男：そう、でも早めに歯医者さんに行ったほうがいいよ。 女：はい、帰りに行こうと思っています。 男：そうだね。あ、悪いけど、とにかく、これ、急いで。会議2時からだから。 女：はい、わかりました。 男：そうそう、例のアンケート、手が空いたら(※3)集計しておいてね。 女の人は、このあとまず何をしますか。

(※1) いっそのこと：or even better, or better yet　Tốt hơn là

(※2) 大至急：as soon as possible (ASAP), extremely urgent　Khẩn cấp, nhanh nhất có thể

(※3) 手が空いたら＝暇になったら

第2章　問題のパターンに慣れよう

3　どうしてですか－ポイント理解－

(p.29)

	こたえ	スクリプト
1番 CD1 30	1	男の人と女の人が話しています。女の人がメガネにした理由は何ですか。 男：あれ、メガネ？ コンタクトに変えたんじゃなかったの？ 女：うん、でもね、実はもう３回もなくしちゃったのよね。取り外すときに、どこかへ行っちゃって…。 男：おっちょこちょい(※1)だな。すぐ探せばいいじゃないか。 女：だって、見えないんだから探すのも大変なのよ。使い捨て(※2)のソフトなら、２、３枚なくしても、そんなにかかんないんだけど、私のはハードだから、けっこうかかっちゃって…。だからもうやめたの。 男：まあ、似合ってるからいいんじゃない？ 最近、女の子のメガネ、流行ってるみたいだし。 女：そういうわけじゃないんだけどね。でも、これ、作ったばかりなのに、目に合ってないみたいで疲れるの…メガネ屋さんに行かないと…。 女の人がメガネにした理由は何ですか。
2番 CD1 31	4	テレビでアナウンサーが、男の人にインタビューをしています。男の人は、新しい商品の開発について、何を一番重視したと言っていますか。 女：今日は、新発売の「どこでもカレーライス」を開発された山田さんにお越しいただいております。山田さん、この商品の特長をお聞かせください。 男：えー、いくつかありますが、まずはカレーとライスを、量に応じて別々に組み合わせられることです。また、カレーの辛さを各自(※3)調節できるように、スパイスも別添え(※4)で付けています。それから、冷たい状態で食べてもおいしいということです。 女：量が調整できるのは、ダイエットしている女性にとっても大変うれしいですねえ。辛さも人それぞれ好みがありますから、自分で調整できるというのもいいですね。でもー…カレーは温かくないと、おいしくないのではないでしょうか…。 男：そこがこのカレーの最大の特長なんです。特殊な製法(※5)で、冷たくてもおいしさが損なわれない(※6)カレーなんです。もちろん温めてもおいしいのですが、夏の暑い日に、冷たく冷やしたこのカレーを、ぜひ召し上がっていただきたいと思います。 男の人は、新しい商品の開発について、何を一番重視したと言っていますか。

(※1) おっちょこちょい：scatterbrain, thoughtless person　Người đểnh đoảng, không cẩn thận

(※2) 使い捨て：disposable　Dùng một lần rồi bỏ

(※3) 各自：each (person, individual), on (your) own　Tự mỗi người, tùy mỗi người

(※4) 別添え：included separately　(Gia vị) Kèm riêng

(※5) 製法：manufacturing method, recipe (when cooking)　Phương pháp sản xuất, công thức (nấu ăn)

(※6) 損なう：to damage, to spoil, to hurt　Làm tổn hại, làm mất đi (vị ngon...)

4　どんな内容ですか－概要理解－

(p.31)

	こたえ	スクリプト
1番 CD1 33	3	テレビで医者が話しています。 男：以前は私も、風邪をひいて熱のある患者さんには、必ず解熱剤を処方していました。熱が下がると体のだるさも取れ、一見治ったような気がしますが、実は薬が切れると、かえって前より熱が高くなったり、場合によっては、命に関わることもあるのです。最近の研究では、人は体温が 39 度になると免疫細胞(※1)が通常の 20 倍になり、また 40 度になると、ウイルスと闘うインターフェロンの働きが 3 倍になるという報告もあります。熱が出ても安易に(※2)薬で下げないで、自己免疫力(※3)で回復させるようにすることが大切なんですよね。 医者はどのようなテーマで話をしていますか。 1　解熱剤の即効性(※4) 2　インターフェロンの働き 3　薬に頼らずに治すことの重要性 4　免疫細胞の数
2番 CD1 34	4	大学の授業で先生が話しています。 女：えー、今日は、授業の初日ということなので、今学期の授業内容について、簡単に説明します。この授業では、地域活性化について考えていきます。過去における成功例、失敗例を参考にしながら、地域活性化のために新しく考えられることについて、意見を出し合ってもらいます。地域を活性化させるには、その地域の経済活性化が必要ですが、それは行政に任せるとして、ここでは、地域の人々の心が豊かになるようなアイデアを中心として、活発な議論を展開して(※5)いきたいと思っています。 今学期の授業のテーマはどのようなことですか。 1　地域活性化についての問題点 2　地域活性化と行政の関係 3　地域活性化と経済の関係 4　地域活性化についての新しいアイデア

(※1) 免疫細胞：immunocyte, immune cell　Tế bào miễn dịch

(※2) 安易に＝簡単に

(※3) 自己免疫力：self-healing, heal on one's own　Khả năng miễn dịch, sức đề kháng

(※4) 即効性：immediately effective, instantaneous effect　Công hiệu tức thời

(※5) 活発な議論を展開する：to have a lively discussion/heated debate　Tiến hành cuộc thảo luận sôi nổi

5 どうすることにしますか－統合理解①－

(p.33)

	こたえ	スクリプト
1番 CD1 36	4	男の人と女の人がレストランの料理について話しています。

女：今日の夕食、さっき、例の和食屋さんを予約したよ。
男：あ、そう。コース料理にした？
女：コースにしたかったんだけど、コース料理は前日までに頼まないといけないんだって。
男：え、じゃ、向こうへ行ってから頼むってことになるの？
女：ううん、おまかせ料理というのがあって、一応それを頼んだんだけど…。
男：おまかせってどういうのが出るのかな。おふくろ(※1)、好き嫌いが激しい(※2)からなー。アラカルトで頼めばいいんじゃない？
女：行ったことがないところだし、アラカルトで頼むったって、迷って時間がかかると思うけど…。変更しとく？ それか、別のとこにする？ キャンセルもまだできるよ。
男：そうだねえ、別のところといってもねえ。ま、いっか、このままで。

2人はどうすることにしましたか。

1 コース料理を頼む　　2 アラカルトで頼む
3 行ってから決める　　4 おまかせ料理を頼む

	こたえ	スクリプト
2番 CD1 37	2	古いテレビをどうするかについて、家族3人が話しています。

息子：ね、俺の部屋のテレビ、処分しないと。もう映んないし。
母：処分するのに、粗大ごみでは出せないし、リサイクル法とかなんとかで、けっこうかかるんじゃないの？ 取りに来てもらうのも大変だし、新しいのを買えば、その電気屋で引き取ってくれるでしょ。
息子：え？ 買ってくれんの？
父：不用品回収車に持っていってもらえばいいじゃないか。パソコンでもテレビ、見られるんだろ？
母：え？ パソコンで見られるの？ じゃ、必要ないじゃない。
息子：えー、いや、映画なんか、パソコンの小さい画面だと雰囲気出ないよー。
父：何言ってんだ。ぜいたくも甚だしいよ(※3)。自分でリサイクルショップに持っていけ。
母：回収車、いつも土曜日に回ってるから、明日ね。健太、あとで玄関先まで運んどきなさい。
息子：あ～あ、仕方ないか。

家族は古いテレビをどうすることにしますか。

1 電気屋に引き取ってもらう
2 不用品回収車に持っていってもらう
3 リサイクルショップに持っていく
4 粗大ごみとして玄関先に出しておく

(※1) おふくろ＝お母さん
(※2) 好き嫌いが激しい：extremely picky person　Người yêu ghét rạch ròi/rõ ràng
(※3) ぜいたくも甚だしい＝非常にぜいたくだ

6　どれにしますか－統合理解②－

(p.35)

	こたえ	スクリプト
CD1 40	質問1 **4** 質問2 **2**	病院で、母親と娘がパンフレットを見ながら、入院の部屋についての説明を聞いています。 女：お部屋は、個室A、個室B、2人部屋、4人部屋となっています。個室Aはトイレと洗面台付き、Bは洗面台のみで、トイレは共同(※1)になっています。他の設備として、個室には専用の冷蔵庫が付いています。個室は、健康保険が適用されませんので、差額ベッド料がかかります。2人部屋と4人部屋ですが、部屋には料金はかかりません。部屋に一つ洗面台が付いていますが、トイレは部屋の外で共同になっています。冷蔵庫は、談話室(※2)に置いてあるものを皆さんでお使いいただいています。 母：私、個室でなくていいわよ。2人部屋と4人部屋って、大して広さが変わらないから、2人部屋のほうが人気があるんでしょうけど、私は大勢のほうがいいわ。 娘：お母さん、こんなときくらい、一人でゆっくりすれば？　お父さんだって個室がいいって言ってくれるわよ。あー、でも、このAっていうのは、かなりするんだね…。 母：でしょ。差額ベッド料って高いのよ。もったいない。保険でカバーしてくれるのにしないと。 娘：そりゃそうだけどー…冷蔵庫も共同っていうのは、不便だと思うけど…。まあ、お母さんがそう言うならねえ…でもさ、ほら、このトイレが共同のっていうの、そんなに高くないよ。やっぱり、これがいいよ。他の人がいたら面会にも気を使うし。 母：たった1週間なんだから、いいのいいの。 質問1　母親はどの部屋がいいと言っていますか。 質問2　娘はどの部屋を勧めていますか。

(※1) 共同：communal (toilet)　Dùng chung, công cộng

(※2) 談話室：common room, lounge　Phòng công cộng (trong bệnh viện, khách sạn)

第2章 問題のパターンに慣れよう
7 まとめ問題

(p.36 ～ 38)

問題Ⅰ

(p.36)

	こたえ	スクリプト
1番 CD1 41	3	お祝いをこんなにいただいて…恐れ入ります。 1 いいえー、お気を使わせてしまいました。 2 いいえー、ありがたくいただいておきます。 3 いいえー、遅くなりまして申し訳ありませんでした。
2番 CD1 42	2	悪いけど、手、貸してくれる？ 1 いや、都合悪ければ、だめだと言うよ。 2 いいけど、今すぐでないとだめ？ 3 えっと、できないとは言ってないけど。
3番 CD1 43	1	目上の者に向かって、そんな言葉遣いするもんじゃない。 1 はい、今後気をつけるようにします。 2 意味がわからないものもありますが。 3 え？ そんなふうに思ってるんですか。
4番 CD1 44	3	こんなところにゴミ捨てるなんて、いったい、どういうつもりだろう。 1 どうせわかってもらえないよね。 2 まったく！ 拾ってくれればいいのにね。 3 人のことなんか、なんにも考えてないんでしょ。
5番 CD1 45	1	お手伝いできればよかったのですが、申し訳ありませんでした。 1 いえいえ、お忙しかったでしょうから。 2 えーっと、お願いしてもいいですか。 3 あー、そんなー大丈夫でしょう。

問題Ⅱ

(p.36)

	こたえ	スクリプト
1番 CD1 46	3	電話で、女の人が会場について聞いています。女の人は 11 月 20 日に、全部でいくら払いますか。 女：もしもし、えーと、そちらの会場を借りる場合の、お値段をお伺いしたいのですが…。 男：えー、平日は、午前 10 時から 5 時までが 1 時間 1500 円、5 時から 9 時までが 2000 円です。土日と祝日は、それぞれ平日の 500 円増しになっています。 女：ピアノの使用料はどうなっていますか。 男：平日、土日に関係なく同料金で、1 日 1000 円いただいています。それから、控え室(※1)は無料でお使いいただけます。 女：わかりました。えーと、では、11 月 20 日に 1 時から 5 時までお借りしたいのですが。ピアノもお願いします。あと、控え室も使わせてください。 男：えーと、11 月 20 日というと、ああ、土曜日ですね。了解しました。予約をお入れしておきます。代金は、当日の使用前にお支払いください。では、まずお名前と連絡先をお願いします。 女の人は 11 月 20 日に、全部でいくら払いますか。
2番 CD1 47	1	電話で、女の人が電気店の人と話しています。女の人はどうすることにしますか。 女：あのー、以前、そちらで購入したエアコンの調子が悪いのですが。 男：どのような状態でしょうか。 女：あまり冷えないのと、水が垂れてくるんです。 男：あー、それはおそらく排水パイプ(※2)が詰まっているのだと思います。 女：詰まっているって、ゴミか何かですか。 男：はい、調べてみないとなんとも言えないですが、たぶん。 女：エアコンの掃除って、市販されている(※3)スプレーとかを使ってやってみてもいいですよね。 男：いえ、エアコン本体の洗浄をするということではなく、パイプの詰まりを取るということで…。ご自分でできないことはありませんが…。 女：部品を壊しちゃう可能性もありますよね。うーん、そうすると買い換えなくちゃいけなくなるかもしれないし…うーん、でも、一応やってみます。 男：わかりました。では、修理の手配はいつでもできますので、何かありましたら、いつでもご連絡ください。 女の人はどうすることにしますか。

(※1) 控え室：waiting room　Phòng chờ

(※2) 排水パイプ：drainage pipe　Ống thoát nước thải

(※3) 市販されている：commercially sold, commercially available　Được bán đại trà, đang có trên thị trường

問題Ⅲ

(p.37)

	こたえ	スクリプト
1番 CD1 48	4	評論家が、ある画家について話しています。評論家は、この画家の作品の最も優れているところはどこだと言っていますか。 女：彼の作品は、構図(※1)と色使い(※2)が特徴的です。構図には、数学的に計算された比率(※3)を使うなど、大変高度なテクニックを使っています。色は、特に青色の使い方が独創的です。しかしなんと言っても他に類を見ない(※4)のは、光の表現方法です。陽に当たって影のできたような何気ない(※5)景色にも、細かいこだわりを持って、その陰影(※6)を表現しています。この表現力によって、また青色がとても鮮やかに映えています。 この画家の作品の最も優れているところはどこだと言っていますか。
2番 CD1 49	3	テレビで、男の人が音楽について話しています。男の人は、パソコンで作る音楽はどうだと言っていますか。 男：以前は、歌うことは別として、音楽を表現するためには、まず楽器が演奏できるのが最低条件でした。うまい下手に関わらず、楽器を演奏する以外には、方法はなかったのです。ところが、最近はパソコンのおかげで、楽器ができなくても、音楽を表現することができるようになりました。音符を入力して音色(※7)を選べば、あとはパソコンがどんなテンポ(※8)でもリズムでも、演奏してくれます。最近では、音符を入力しなくても、気に入った音楽をつぎはぎして(※9)作品を作る人も出てきました。その結果、今までにないおもしろい音楽が生まれたのも事実ですが、しかし、音をただ並べただけというでたらめな(※10)音楽も、多数生まれてしまいました。私は、よい音楽を作るためには、やはり楽器を習得する(※11)必要はあると思いますね。 男の人は、パソコンで作る音楽はどうだと言っていますか。

(※1) 構図：composition (of a painting, artwork)　Bố cục, cách sắp xếp

(※2) 色使い：use of color　Cách dùng màu

(※3) 比率：percentage, ratio　Tỷ lệ

(※4) 他に類を見ない：unique, unparalleled, beyond comparison　Có một không hai, duy nhất, vô song

(※5) 何気ない：casual (view, appearance)　Vô tình/không chủ ý, bình thường, vô vị

(※6) 陰影：shade, shading (in an artwork)　Bóng, đổ bóng

(※7) 音色：tone color　Âm sắc, thanh điệu

(※8) テンポ：tempo　Nhịp điệu

(※9) つぎはぎする：to patch together　Ráp, nối vào nhau

(※10) でたらめな：nonsensical, random　Tùy tiện, bừa bãi

(※11) 習得する：to learn (how to do something)　Học (cách làm việc gì đó)

問題Ⅳ

(p.37)

	こたえ	スクリプト
1番 CD1 50	**1**	ラジオで、女の人が話しています。 女：昔はお料理をするときに、炭(※1)を使って、煮たり炊いたりしていました。今でも戸外でバーベキューをしたりするときに使いますね。でも実は、炭は燃料(※2)としての用途(※3)以外にいろいろな使い方ができるのです。冷蔵庫などに入れておくと、嫌な臭いを取ってくれます。また炭は湿度の調節もしてくれます。炭にはとてもたくさんの穴があいていて、スポンジのようになっています。そのおかげで、こうした消臭(※4)や湿度の調整をすることができるのです。炭はとっても便利なものですねえ。 女の人の話のテーマは何ですか。 1　燃料以外の炭の使い道 2　燃料としての炭の特徴 3　炭による消臭 4　炭による湿度の調整
2番 CD1 51	**4**	テレビで、専門家が話しています。 男：夏の夜、電気をつけていると、いろいろな虫が飛んできて、困った経験をした方は多いと思います。けれど、コンビニはあんなに照明がついているのに、あまり虫がいないということに気づいている方は、あまりいないのではないでしょうか。昆虫は光に集まる性質を持っています。中でも、ある波長(※5)の紫外線(※6)に最も集まると言われています。実は、コンビニの蛍光灯(※7)には、その波長の紫外線をカットする、紫外線カットフィルター(※8)というものが取りつけられているのです。実は虫にとっては、あの蛍光灯の光が真っ黒に見えているのです。だから、そこには集まらないのです。ご家庭でも、そのフィルターをつけると、虫が来るのを阻止できますよ(※9)。 専門家はどのテーマで話をしていますか。 1　照明の明るさと昆虫の関係 2　コンビニの蛍光灯の種類 3　紫外線をカットする必要性 4　照明に対する昆虫の性質

(※1) 炭：charcoal, coal　Than đá
(※2) 燃料：fuel　Nhiên liệu
(※3) 用途：use, application　Sử dụng, ứng dụng
(※4) 消臭：deodorization, deodorizer　Khử mùi
(※5) 波長：wavelength　Bước sóng
(※6) 紫外線：ultraviolet　Tia cực tím, tia tử ngoại
(※7) 蛍光灯：fluorescent light　Đèn huỳnh quang
(※8) フィルター：filter　Bộ lọc
(※9) 阻止する：to obstruct, to inhibit　Ngăn chặn, cản trở

問題V

(p.38)

	こたえ	スクリプト
1番 CD1 52	2	家族の問題について、両親と娘が話しています。 母：お父さん、だいぶ具合が悪くなったわね。今のうちに、ホーム(※1)を探したほうがいいんじゃない？ 父：そうだねえ…。ホームといっても探すのは難しいだろうねえ。お金もかかるだろうし…。 娘：お金がかかっても仕方ないんじゃない？　お母さん、おじいちゃんの世話で夜、何回も起きてるんでしょ。お母さんが病気になっちゃったら、大変じゃない。 父：うーん、みどりの学費もまだあと１年あるしな、大変なんだよ…。 母：お父さんがホームに入ったら、私、パートの時間を増やすわよ。 娘：そうよ、私も働くようになったら、手助けするし。 父：うん…実はね…今、会社が大変なんだ。家のことを考えるどころじゃなくて…。会社がつぶれちゃったら、ユミにも学校をやめてもらわないといけないかもしれないし…。 母：そうだったの…。もっと早く言ってくれればいいのに。何より、あなたの仕事が第一だから。 娘：そうそう、お父さん、おじいちゃんのお世話は私も手伝うから、心配しないで。 家族の問題について、この家族が今一番に考えなくてはならないことは何ですか。 1　家族の介護　　2　父親の仕事　　3　母親の病気　　4　子どもの教育
2番 CD1 53	質問１ 1 質問２ 2	テレビで、運動についての話を聞いて、男の人と女の人が話しています。 女：筋力トレーニングのような筋肉を鍛える運動は、引き締まった弾力のあるボディー(※2)を作りたい方に適しています。カロリーを消費しながら体脂肪(※3)を減らしたい方は、歩く、走るという下半身の大きな筋肉を使うウォーキングやジョギング、そして、サイクリングなどの運動がお勧めです。また、水中歩行やゆっくりした泳ぎの水泳も効果的です。ヨガやストレッチなどのようなゆっくりした運動は、筋肉や関節(※4)を柔らかくすることができます。 女：私は体重を減らしたいから、カロリーが消費できる運動をしろってことね。でもねえ、歩くのも走るのも、なんかねえ…。 男：僕も、空気の悪いところで運動するのは苦手だなあ。うちの周りは車の通りも激しいし、大きな公園とかもないし。水の中で歩くっていうのがいいんじゃない？ 女：でも、運動って毎日したほうがいいんでしょ。毎日プールへ行くのは大変よ。それより、私、引き締まった体になりたい。筋肉を鍛えようかなあ。なんか楽しそうだし。 男：トレーニングは大変だと思うけど、まあ、いろいろ機械を使ったりするから、最初は楽しいかもね。僕は、体が硬いからヨガをやってみようかなあ。 質問１　女の人は、どの運動に興味がありますか。 質問２　男の人は、どの運動がしたくありませんか。

(※1) ホーム：この場合は「老人ホーム」の意味。
(※2) 引き締まった弾力のあるボディー：a firm yet flexible body　Cơ thể săn chắc, dẻo dai
(※3) 体脂肪：body fat　Mỡ (trong) cơ thể
(※4) 関節：joint (of the body)　Khớp xương

第3章　いろいろなタイプの話を聞こう

1　情報を聞こう

(p.41)

	こたえ	スクリプト
1番 CD1 55	4	ラジオを聞いています。放送の内容と合わないものはどれですか。合わないものです。 アナウンサー：　番組の途中ですが、…沖縄地方で地震がありました。地震の詳しい情報は入り次第お伝えします。該当する(※1) 地域の方々は、倒れやすいものから離れてください。車を運転中の方は慌てずに、ゆっくり車を止めてください。えーあ、…午前5時41分ごろ、九州、沖縄地方で、やや強い地震がありました。沖縄北部は震度4…えー…ここで　津波警報、津波注意報の情報をお伝えします。先ほどの地震で津波警報が出ました。津波警報が出ているのは、沖縄地方です。予想される津波の高さは1mです。津波警報が出ている海岸や河口付近の皆さんは、早く安全な高台に避難してください。 放送の内容と合わないものはどれですか。
2番 CD1 56	2	男の人と女の人がテレビを見ながら話しています。男の人はこれからどうしますか。 男：　おはよー。電車動いてる？ 女：　どうかなあ。 男：　代行バスは昨日で懲りたよ。遠回りだし、混んでるし、時間ばっかりかかって、疲れちゃったよ。 女：　そうだよね、休んだら？ …あ、交通情報やってる。 テレビの声：　台風23号の影響で、本日も白井、黒田駅間は運転を見合わせ、バスによる振り替え輸送を行っております。現在のところ、復旧の見通しは立っておりません。 男：　あーあ。バスか…。でも休むわけにもいかないし…しょうがない、行くか。 男の人はこれからどうしますか。
3番 CD1 57	1	男の人と女の人が話しています。週末の天気はどうなると言っていますか。 女：今日は小春日和で暖かかったわね。今度の土日もいい天気かしら。 男：今朝の天気予報では、週末は下り坂だって。 週末の天気はどうなると言っていますか。 1　崩れる 2　冷え込む 3　雨が上がる 4　晴れ渡る(※2)

(※1) 該当する：to correspond to　Phù hợp với, tương ứng với

(※2) 晴れ渡る＝快晴になる

第3章　いろいろなタイプの話を聞こう

2　指示を聞こう

(p.43)

	こたえ	スクリプト
1番 CD1 58	4	医者と患者が話しています。医者の指示と合わないものはどれですか。合わないものです。 医者：喉に異常はないので、安心してください。ただ、症状が改善されるように薬を出しておきましょう。一般的なトローチを出しますが、服用の仕方に注意してください。いつなめてもかまわないのですが、服用したあと 30 分は飲食をしないほうが効果があります。それと、寝るときにマスクをするといいでしょう。 患者：マスクは使ってるんですが、寝ている間に自分で取っちゃうんですよね。 医者：鼻と口を覆ってしまうと、煩わしくて外してしまうのでしょう。口だけを覆うようにしてみてください。あとは、喉に刺激のある食べ物や飲み物は控えてください。 患者：僕は、お酒もタバコもやらないんですが…。 医者：そうですか、それはいいですね。あとは…香辛料や辛いもの、果物などでも、桃とかメロンは、喉に刺激を与えますね。 医者の指示と合わないものはどれですか。
2番 CD1 59	3	電車のアナウンスです。アナウンスの内容と合うものはどれですか。 車内放送：　車内、混み合いまして申し訳ありません。恐れ入りますが、もう一歩中ほどにお詰めください。お荷物は、網棚や膝の上に載せ、一人でも多くの方が座れるようご協力お願いいたします。また、お立ちの方はつり革や手すりにおつかまりください。ただ今、節電のため、弱冷房とさせていただいております。窓を開けるなどして、車内の換気にご協力ください。 アナウンスの内容と合うものはどれですか。
3番 CD1 60	4	会社で、上司と部下が話しています。部下はこれから何をしますか。 部下：部長、これが今回の商品につける販促品の候補リストです。かなり値段は抑えてあります。 上司：あら、この候補、どうやって選んだの？目新しい(※1)ものがないわねえ。まあ、値段的には大丈夫そうだけど。もうちょっと女性の心をくすぐる(※2)ような、魅力的な(※3)ものはないの？…この間の市場調査の結果を分析した？ 販促品が欲しさに商品を買う女性も多いのよ。逆に、おまけがダサければ(※4)、その分商品を割引してほしいっていう意見が多かったわよね？ 何のための調査だったの？ もう一度練り直してちょうだい！ 部下はこれから何をしますか。 1　女性を対象に市場調査をする 2　市場調査の結果を分析する 3　商品の割引について検討する 4　販促品の候補リストを作り直す

(※1) 目新しい：fresh and original, novel　Tươi mới, mới mẻ　(※2) 心をくすぐる＝興味を引く
(※3) 魅力的な：captivating, charming　Có sức hút,có sức lôi cuốn　(※4) ダサい：dull, boring　Buồn tẻ, chán ngắt

3　説明を聞こう

(p.45)

	こたえ	スクリプト
1番 CD1 61	1	テレビで女の人がある島について説明しています。この島で雨が多いのはどの地域ですか。 女：雨量は場所によって異なりますが、平野部より山間部に多く降ります。島の北部に高い山がありますが、そのあたりは最も雨量が多く、山頂(※1)付近の平均雨量は、海岸地域の10倍もあります。海岸部では、東海岸、特に東北地域では雨が多く、植物がよく育ち、産業の中心になっています。 この島で雨が多いのはどの地域ですか。
2番 CD1 62	4	会社で、男の人と女の人が、ある商品の売り上げについて話しています。この商品の今月の売り上げは、先月と比べてどうですか。 男：今月の売り上げはどうだ？ 女：この分だと、先月よりほんのわずか上回る程度です。 男：雑誌に広告を出して急激に伸びたけれど、それも一時的だったということだね。 女：はい、そのあと落ち込んでからは、ずっと横ばいで…。 男：やっぱり、宣伝しないとだめということか。しかし、広告を出し続けるのは、厳しいものがあるね…別の方法も検討してみるか。 この商品の今月の売り上げは、先月と比べてどうですか。
3番 CD1 63	3	男の人が話しています。トイレの不具合の原因は何でしたか。 男：もうトイレは使えるようになりました。水も流れて、詰まりもありません。原因は紙が詰まったとか、水道に問題があったわけではなく、大もと(※2)の排水溝にあったので、恐らく、お風呂の排水にも何らかの影響が出ていたはずです。庭にある大もとの排水溝に、庭木の根が伸びて、いっぱいに広がって、水の流れを邪魔していました。根を切って取り除きましたので問題はなくなりましたが、排水溝の近くの庭木を別の場所に移すか、あるいは根が伸びていないか、年に一度くらい点検して、伸びていたら切って取り除くようにするなどの対策が必要です。 トイレの不具合の原因は何でしたか。 1　トイレに紙が詰まっていた 2　水道管に不具合があった 3　木の根が排水溝に詰まっていた 4　庭木が枝を伸ばしていた

(※1) 山頂：mountain peak, mountaintop　Đỉnh núi

(※2) 大もと：the source, cause (of a problem)　Nguồn cơn, căn nguyên (của vấn đề)

第3章　いろいろなタイプの話を聞こう

4　テーマや言いたいことを聞こう

(p.47)

	こたえ	スクリプト
1番 CD1 64	3	男の人と女の人が話しています。女の人の意見はどれですか。 女：ねえねえ、今さあ、ブレーキついてない自転車が流行ってるんだって！　最初はね、ついてるらしいんだけど、買ってから取っちゃうんだって。そのほうが、かっこいいんだとか言っちゃって。 男：知ってる。で、止まれなくて無謀運転して注意されると、だってブレーキないんだもーんって言うんだろ。ひどいもんだね。 女：自転車も免許制にすべきだと思うな。罰則がないからやってんでしょ、危ないこと。一人で勝手にやってんならいいけど、絶対、歩行者や車も巻き込む(※1)でしょ？　自賠責保険にも入らせるしかないでしょ。 男：そうだよ。俺なんか、朝、駅まで歩くのも命がけだよ。いつ自転車がすっ飛んでくる(※2)か、油断も隙もあったもんじゃない(※3)。 女の人の意見はどれですか。
2番 CD1 65	2	男の人がスーパーのレジの機械について話しています。男の人はレジの機械について、どのように考えていますか。 男：効率はいいかもしれない。誰がやっても、間違いなくおつりが出てくる。子どもでもできるんじゃないかな。それはいいんですけどね、おかげで人間は、頭も指も使わなくなるでしょう？　商品の値段を打ち込む必要もなくて、ピッピッってバーコードを専用の機械で読み込めばいい。お札を入れれば、おつりの計算をしなくても、自動的におつりが出てくる。それをごっそり手ですくいとって、お客さんに手渡す。数えるってこともなくなるわけで。便利で正確で楽な代償として、脳や指先を使わなくなって、退化していくんじゃないかな。 男の人はレジの機械について、どのように考えていますか。
3番 CD1 66	2	先生と生徒の母親が話しています。先生の言いたいことは何ですか。 教師：よく意見を言うのはいいんですけど、授業中にもおしゃべりが度を越す(※4)ことがあって、ちょっと…。 母親：そうですか。家では本当に口数が少なくて(※5)、部屋にばかりこもっているんですけど…。 先生の言いたいことは何ですか。 1　行き過ぎた意見は控えて、おとなしくしてほしい 2　積極的なのはいいが、授業中騒がしいのは困る 3　もう少し自分の意見を言えるようになってほしい 4　教室の中ばかりにいて外に出ないのはよくない

(※1) 巻き込む：to involve, to drag into　Bị cuốn vào, bị lôi kéo vào

(※2) すっ飛ぶ：to fly (by), to rush off　Nhảy xổ vào, đâm sầm vào

(※3) 油断も隙もない：constantly on one's guard, always on the lookout　Không lơ là hay có sơ hở nào, không thể chủ quan

(※4) 度を越す：go overboard, a little too excessive　Quá mức, quá mức độ cho phép

(※5) 口数が少ない＝あまりしゃべらない

5　まとめ問題

(p.48 ~ 50)

問題Ⅰ

(p.48)

	こたえ	スクリプト
1番 CD2 1	1	電話で、男の人と女の人が話しています。男の人はこれから何をしますか。 男：もしもし、そちらの製品をダウンロードしたいんですが、銀行振込みの場合は、領収書ってもらえるのでしょうか。 女：お振込みの際の控えが領収書代わりになりますが、書面での領収書が必要でしたら、これから申し上げる物を弊社までお送りいただくことになります。返送先を記入した定形の封筒、こちらは80円切手をお貼りください。その封筒に銀行振込みの控えとお客様番号、受付番号、領収書の宛名を書いたメモを入れていただいて…。 男：へえー、面倒なんですねえ。 女：あのー、インターネットから銀行振込みする場合も、振込みの事実が確認できる画面を印刷すれば、それも領収書の代わりとして利用できますが…。 男：あ、そうなの。じゃそうします。 男の人はこれから何をしますか。
2番 CD2 2	2	男の人がインタビューに答えて話しています。男の人が父親に一番似ているところはどこですか。 男：うーん、そうですねえ、性格は…無口で神経質なおやじとは似ても似つきませんね(※)。大ざっぱで物事にこだわらないほうです。おふくろに似たんだと思います。顔はどちらかと言うとおやじの系統ですね。おやじの弟に似ているって言われますね。体型もおやじ似で、がっしりしています。自分じゃわからないけど、後ろ姿なんて、歩き方までそっくりだって言われます。体質も遺伝するって言いますよね。おやじ、2回もガンの手術をしてるから、僕もガンになりやすいかもしれませんね。 男の人が父親に一番似ているところはどこですか。
3番 CD2 3	2	バスの中で運転手が話しています。秋祭りの3日間、この路線はどうなりますか。 運転手：本日もグリーンバスにご乗車くださいまして、ありがとうございます。来る10月15日、16日、17日に、秋祭りが予定されております。その3日間は、路線を一部変更して運行いたします。詳しくは、バス停および事務所等の案内でご確認ください。皆様にはご不便をおかけいたしますが、ご理解、ご協力のほど、お願い申し上げます。次は、みどり高校、みどり高校…。 秋祭りの3日間、この路線はどうなりますか。

(※) 似ても似つかない＝まったく似ていない

問題Ⅱ

(p.49)

	こたえ	スクリプト
1番 CD2 4	3	ラジオの天気予報です。関東地方南部の今夜の天気はどうなりそうですか。 アナウンサー：　大型で強い勢力の台風25号は、昨夜、硫黄島（※1）を通過して、北上を続けていますが、今夜には八丈島（※1）の南海上に達し、関東地方南部も風雨が強まる（※2）見込みです。気象庁では、上陸の恐れはないものの、関東地方南部は風速15メートル以上の強風域に入る恐れがあると見ています。 関東地方南部の今夜の天気はどうなりそうですか。
2番 CD2 5	1	女の人は通信販売で買ったスーツを送り返すようです。どうして送り返すのですか。 男：あれ、何か送るの？ 女：うん、通信販売でスーツを買ったんだけどね…。 男：送り返すの？ 女：そう。 男：どうせ、カタログの写真と実物が違うんで、気に入らなかったんだろ？ 女：ううん、そうじゃなくて、黄色い染み（※3）が付いてたの。かなり大きいのがね。 男：ふーん。 女：ついでにね、サイズも変えてもらおうと思って。これでもいいことはいいんだけど、肩のあたりがちょっときつくって。やっぱり洋服は試着しないとだめね…。 女の人はどうしてスーツを送り返すのですか。
3番 CD2 6	3	大学で、先生が学生に発表資料の作成について話しています。先生の指示に合うものはどれですか。 教師：えー、3週間後に発表の練習をします。テーマは自分が今後研究していきたいと思っている内容についてです。A4の紙1枚に、発表要旨を箇条書きにまとめます。これは当日、配布する発表資料です。それとは別に読み原稿を、やはりA4の紙にまとめます。これは配布する必要はありません。自分が発表のときに見るものですから、話す通りに書きます。いいですか、読み原稿は改まった（※4）話し言葉で書きますから、「です・ます」体（※5）で。配布資料のほうは「だ・である」体（※6）で、内容を簡潔に（※7）まとめます。この区別をきちんと理解した上で、両方をワープロで作成して、来週までに提出するように。おかしいところがあれば、直して返します。で、それを直して再提出すること。印刷とコピーはこちらでします。 先生の指示に合うものはどれですか。

（※1）硫黄島、八丈島：東京都の島の名前
（※2）風雨が強まる＝風や雨が強くなる
（※3）染み：stain, blemish　Vết ố
（※4）改まった：formal (expressions)　Trang trọng
（※5）です・ます体：*desu-masu* style　Thể desu-masu
（※6）だ・である体：*da-dearu* style　Thể da-dearu
（※7）簡潔に：concisely, succinctly　Ngắn gọn, súc tích

第三章

問題Ⅲ

(p.50)

	こたえ	スクリプト
1番 CD2 7	3	男の人が話しています。 男：私共は、留学生の日本での生活を支援するために設けられた、民間ボランティアの団体です。留学生の相談や悩みを聞き、問題の解決に努めるとともに、日本人との交流、特に、地域住民との交流のために、多くの行事を企画しております。今後は、情報を提供するミニコミ誌(※1)の発行や、ホームステイの紹介なども手がけていく(※2)予定です。 この団体が現在、特に力を入れていることは何ですか。 1　留学生の就職の斡旋(※3) 2　留学生のホームステイの紹介 3　留学生と地域住民との交流 4　留学生向けのミニコミ誌の発行
2番 CD2 8	4	留守番電話のメッセージを聞いています。 女：あ、もしもし、田中様のお宅でしょうか。3丁目1の5の小山と申します。自治会費(※4)の集金で何度も来ていただいたようで、申し訳ありません。身内に不幸がありまして(※5)、留守をしておりました。私も何度か、お支払いにお伺いしたのですが、行き違いになって(※6)しまいまして…いつお届けすればよろしいでしょうか。こちらは夜7時半以降でしたら、帰っていると思いますが…よろしくお願いいたします。失礼します。 小山さんは何のために電話しましたか。 1　身内に不幸があったという連絡 2　自治会費を納めてほしいという催促 3　しばらく留守にするという連絡 4　自治会費の払い方の相談

(※1) ミニコミ誌＝小規模な新聞、雑誌のこと。「マスコミ」の対語としてつくられた和製英語。

(※2) 手がける＝やる

(※3) 斡旋＝両者の間に入って世話をしたりすること

(※4) 自治会費：community association dues　Lệ phí đóng góp cho hội tự quản

(※5) 身内に不幸があった＝家族や親戚の誰かが亡くなった

(※6) 行き違いになる：この場合、会えなかったということ。

第4章　いろいろな語彙や表現を覚えよう

1　よく聞くカタカナを覚えよう①

(p.53)

	こたえ	スクリプト
1番 CD2 10	3	クライアントから、価格がなんとかならないかと言われてるんですが…。 1　ボーダーラインまで、あと少しですね。 2　アピールが足りないということですか。 3　これ以上、コストダウンできません。
2番 CD2 11	1	キャンペーンの効果があんまりないようですね…。 1　新しいのをうったほうがいいんじゃないでしょうか。 2　それはアイデアになかったことですが。 3　予想が外れるんじゃないでしょうか。
3番 CD2 12	4	会社で、男の人と女の人が話しています。男の人は、新商品の売り上げが悪い原因は何だと言っていますか。 男：売り上げ…これほど伸びないとは思っていませんでした…。 女：他社では真似ができないいい企画だと思ったんだけどねえ。うーん、デザインの奇抜さ(※1)には問題ないよね。 男：はい、かなり変わったデザインですが、アンケートによると、若者には特にそこが支持されてますので。あの一、宣伝方法をもう少し考えたほうがよかったように思います。キャンペーンをもう少し早くからしたほうがよかったのかもしれませんが、それよりも、もっと性能をわかりやすく提示すべきだったと思います。 女：そう、じゃ、広告を見直さないと…。 男の人は、新商品の売り上げが悪い原因は何だと言っていますか。
4番 CD2 13	2	就職ガイダンスで、女の人が話しています。 女：日本語の履歴書とは違い、英文で書くレジメ(※2)には、決まった様式(※3)というのはありません。そのため、自分で書きやすいようなフォーマットを考えて作成することができます。キーポイント(※4)は、書面(※5)を通して、どのように自己アピールするかということです。基本的なガイドラインですが、通常は1枚にまとめ、多くとも2枚までにします。字の大きさやレイアウト(※6)にも気を配るようにします。家族構成などは、個人情報になりますので書きません。日本語の履歴書の用紙には、趣味などを書く欄もありますが、仕事に関係のない情報は必要ありません。スペル(※7)や文法の間違いを犯さないのは、言うまでもありません。 女の人は、何について話していますか。 1　日本語でレジメを書く場合の注意点 2　英文で履歴書を書く場合のガイドライン 3　履歴書での自己アピールの仕方 4　履歴書に書くべき情報

(※1) 奇抜(な)：original, unconventional, eccentric　Độc đáo, lập dị

(※2) レジメ：この場合は履歴書の意味。

(※3) 様式：style, format　Kiểu cách, hình thức

(※4) キーポイント：key point　Điểm mấu chốt

(※5) 書面：in writing　Văn bản, giấy tờ, trang giấy

(※6) レイアウト：layout　Bố cục trình bày

(※7) スペル＝綴り：spelling　Chính tả

第4章　いろいろな語彙や表現を覚えよう

2　よく聞くカタカナを覚えよう②

(p.55)

	こたえ	スクリプト
1番 CD2 14	2	彼、スタートが遅れたのに、そのハンデにも関わらず、がんばっていますよね。 1　本当に、こんなはずではなかったのに…。 2　ええ、普通なら、とっくにあきらめてるところでしょうね。 3　彼は、そんなタイプではありませんから、大丈夫でしょう。
2番 CD2 15	1	田中さんの様子、どうだった？　落ち込んでた？ 1　ううん、いつもよりテンション高かったよ。 2　うん、ワンパターンだったから。 3　いや、マンネリな感じがしたよ。
3番 CD2 16	4	**男の人と女の人が話しています。女の人は、レストランの何を一番重視すると言っていますか。** 男：昨日行ったレストラン、おいしかったと思わない？　バイキングで安かったし。 女：バイキングであの値段はありえないとは思うけど…うーん…でも、なんか雰囲気がねえ。アットホームと言えばそうなんだけど、なんかねえ…。 男：君は雰囲気、雰囲気ってうるさいよねえ。俺は、おいしくて雰囲気がよくても、量が少なかったら許せないなあ。 女：雰囲気は重要よ。でも、それは二の次(※1)で、やっぱりなんと言っても、おいしくなくっちゃ。それに、あと、安ければ言うことないね。あなたは量さえ多ければ、味なんてどうだっていいんじゃないの？ 男：そんなことない、まずいのは嫌に決まってるよ。でもね、とにかくお代わり自由っていうのは惹かれるねえ(※2)。 **女の人は、レストランの何を一番重視すると言っていますか。**
4番 CD2 17	1	**男の人がファックスでDMを送る場合について話しています。** 男：一般消費者を対象とした業種、例えば、デパートやスーパーにファックスでDMを送信する場合ですが、週末や給料日後などは忙しい場合が多く、大きな反応は望めないので、避けたほうが賢明(※3)です。また、一般企業などに送信する場合、土日は社員が不在であったり、週明けの月曜日は忙しいなどの状況を考えて送りましょう。また、送信する時間帯ですが、相手の業種を考えて、仕事が集中すると思われる時間は避け、比較的ゆっくりした時間を狙うなどの工夫をすることが必要です。一般消費者へ送信する場合は、深夜の送信では、安眠妨害(※4)だとクレームが相次ぐ(※5)場合がありますので、昼過ぎに実施するようにしましょう。 **男の人は、ファックスでDMを送る場合の何について話していますか。** 1　タイミング　　2　反応　　3　対象　　4　クレーム

(※1) 二の次：secondary, of secondary importance　Thứ nhì, hạng nhì

(※2) 惹かれる：to find attractive, to attracted to　Bị lôi cuốn, bị hấp dẫn (bởi)

(※3) 賢明：wise, prudent　Sáng suốt, khôn ngoan　　(※4) 安眠妨害：sleep disturbance　Làm phiền giấc ngủ

(※5) 相次ぐ：successive, one after the other　Lần lượt, liên tiếp

第4章 いろいろな語彙や表現を覚えよう

3 言い換えの言葉を覚えよう

(p.57)

	こたえ	スクリプト
1番 CD2 18	3	少しお酒を控えたほうがいいんじゃありませんか。 1 飲む機会は、あることはあるんですが…。 2 飲まないというわけではありませんが…。 3 できるだけ飲まないようにしているんですが…。
2番 CD2 19	1	今日、どういうわけかお客が殺到して大変だったよ。 1 忙しいのはいいことじゃない。 2 どういうつもりなんだろうね。 3 え？ それでお客さん、どうなったの？
3番 CD2 20	2	男の人が、国際運転免許証の申請について窓口の人と話しています。男の人はこれからまず何をしなければなりませんか。 男：あのー、国際運転免許証の申請をしたいんですが…。 女：では、この用紙に必要事項を記入してください。免許証とパスポートと写真が必要ですが、お持ちですか。 男：はい。あ、これは、前にもらって書き込んできたものがあります。 女：ちょっと写真を見せてください。ああ、ちょっと大きいですね。あちらに器具(※1)がありますから、カットしてください。それから、3000円の証紙(※2)を購入して、全部まとめて3番の窓口へ持っていってください。写真はこちらで貼付しますので、そのままお出しください。 男：わかりました。 男の人はこれからまず何をしなければなりませんか。
4番 CD2 21	3	テレビで、サッカーの選手がインタビューを受けています。 女：イギリスでは、いろいろと苦労なさったということを聞きましたが…。 男：体格的に違うというのは初めからわかっていたことですし、それほど苦に思ったことはないです。小さいからこそのプレーをすることができましたし、僕は、かえって、この小さいことがメリットだと思っています。ただ、体力の維持には常に細心の注意を払っていました(※3)。トレーニングはつらくなかったわけじゃありませんが、それより何より、言葉がネックで…。大変でしたね。チームのメンバーがいろいろと手助けしてくれましたが、わからないことだらけで、自己嫌悪に陥る(※4)ことも度々でした。それについては結局、克服できずに(※5)帰ってきましたが…ハハハ。 この選手はどういうことを言っていますか。 1 体格的に劣っていることが悩みだった　2 体力を維持するのは大変ではなかった 3 言葉ができないことが、大きい問題だった　4 チームのメンバーが不親切だった

(※1) 器具：tool, instrument, device　Dụng cụ, thiết bị
(※2) 証紙：certificate stamp, certification label/seal　Tem/nhãn chứng nhận
(※3) 細心の注意を払う：to pay careful attention to　Chú ý cẩn thận, kỹ lưỡng
(※4) 自己嫌悪に陥る：to fall into self-loathing　Rơi vào tình trạng tự căm ghét bản thân
(※5) 克服する：to conquer, to overcome (an obstacle)　Khắc phục, vượt qua

4　よく聞く表現を覚えよう

(p.59)

	こたえ	スクリプト
1番 CD2 22	1	雨に降られるわ、電車に乗り遅れるわで、今日はついてなかったよ。 1　それは、さんざんだったね。 2　それは、かっとなるね。 3　それは、はらはらするね。
2番 CD2 23	2	あー、まだこんなにやらないといけないんですか。もうへとへとですよ。 1　いざとなったら、お願いします。 2　きりのいいところで休んでください。 3　くよくよしないでください。
3番 CD2 24	3	会社で、男の人と女の人が話しています。女の人はこれから何をしなければなりませんか。 女：来月発売の新商品のポスターの見本ですが、ご覧いただけましたでしょうか。 男：あ、これね。ちょっと商品の写真が小さいんじゃないかと思うんだけど、紹介文の文字数が多いから、仕方ないね。 女：では、これで入稿して(※1)よろしいでしょうか。 男：写真の色がちょっと暗いなあ…。ま、欲を言えばきりがないから、これでいっか。あれ？これ、間違ってないか。この販売予定日。 女：いえ、3月1日で間違いないですが…。あー、曜日が違ってます。申し訳ありません。 男：じゃ、訂正ついでに、写真の色合いだけど、やっぱり、もう少し明るいのにして。 女：はい、それは印刷所で調節してもらえますので、忘れずに伝えておきます。 男：じゃ、よろしく。 女の人はこれから何をしなければなりませんか。
4番 CD2 25	4	女の人が息子について話しています。 女：小さいときは、周りの者をよく笑わせる明るい子どもでしたが、いじめにあってから、自分の殻に閉じこもるようになり…学校もよく休むようになりました。3年生になってからは完全な登校拒否になり、家に引きこもる(※2)ようになりました。家では、私の体調を気遣ってくれたり、妹の宿題を手伝ったりする、心優しい子です。主人にどんなに怒鳴られても、じっと耐えています。主人には、私が甘やかして育てたからだと責められるし、本当にどうしていいかわからなくて、毎日悩んでいます。 女の人の息子はどういう人ですか。 1　周りの空気が読めない人 2　わがままで我慢が足りない人 3　怒りっぽく暗い人 4　社会生活がうまく送れない人

(※1) 入稿する：to submit a manuscript to be printed　Nộp bản thảo/file để đi in

(※2) 家に引きこもる：to stay inside the house and avoid others　Chui rúc/ru rú trong nhà

＊ひきこもり：人間関係や社会参加を避けて、自宅や自分の部屋に引きこもること

第4章　いろいろな語彙や表現を覚えよう

5　まとめ問題

(p.60～62)

問題Ⅰ

(p.60)

	こたえ	スクリプト
1番 CD2 26	4	女の人と男の人が話しています。女の人は、このあとまず何をしますか。 女：ああ、このパソコン、イライラしちゃう。なんにもやってないのに、急に文字が大きくなったり小さくなったり…インターネットを立ち上げる(※1)のも、時々できなくなるし…。 男：何もやってないってことないよ。知らないうちに操作してる(※2)んだよ。 女：何もやってないよ。再起動させる(※3)と直るんだけど、こう何度もしなきゃいけないと、作業だってなかなか進まないし…。 男：トラブルの原因をちゃんと追究した(※4)ほうがいいよ。電話するとか、説明書を読み直すとか…インターネットで、調べてみたら？　そんなとき、どうすればいいかって、たいてい誰かが質問してるよ。 女：あ、ネットでね…今、調べてみる。…あー、また立ち上がんない。接続が悪いのかなあ。またやり直しか。 女の人は、このあとまず何をしますか。
2番 CD2 27	1	大学で、男の学生と女の学生がインターンシップについて話しています。男の学生は、まず何をしなければなりませんか。 女：加藤君、インターンシップ、決まった？ 男：いや、まだ。やっぱりやったほうがいいのかなあ、インターンシップって。 女：うん、ゼミの先生も、そう言ってたじゃない。 男：けど、僕、まだどういう職種(※5)が自分に合ってるかわかんないし…。何より、就職課に行って書類をもらっておかないと。エミちゃんはもう決まったの？ 女：ううん、まだ、リサーチ中。ね、よさそうな会社があるんだけど、あさって、一緒にセミナーへ行ってみる？ 男：あさってねえ…。バイトのスケジュール、調整してみようかなあ。 男の学生は、まず何をしなければなりませんか。

(※1) 立ち上げる：to start up (computer, application)　Khởi động (máy tính...), sáng lập, khởi nghiệp

(※2) 操作する：to operate　Thao tác, điều khiển

(※3) 再起動する＝もう一度立ち上げる

(※4) 追究する：to thoroughly investigate　Điều tra kỹ lưỡng, triệt để (truy cứu)

(※5) 職種：type of occupation, line of work　Loại hình công việc/nghề nghiệp

	こたえ	スクリプト
3番 CD2 28	2	店長とアルバイトの学生が話しています。アルバイトの学生は、来週は何日間、店で働きますか。 男：君は今、月曜日と木曜日だけだけど、他の曜日は来られないの？ 女：いえ、時間によっては大丈夫な曜日もあります。 男：そう、土曜日はだめだって言ってたよね。金曜日は？ 女：はい、土曜日は無理なんですが、金曜日は、都合をつけようと思えばつけられます。何時からでしょうか。 男：午後からでいいんだけど、大丈夫かな。1時から6時まで。 女：それなら、大丈夫です。 男：じゃ、来月から金曜日も来てくれるかな。 女：来月からって言うと、もう来週ですよね。わかりました。 男：あ、来週は、木曜日から3日間、旅行で店を休むこと、伝えてたよね。だから、金曜日に来てもらうのは再来週からということで。 女：はい、わかりました。 アルバイトの学生は、来週は何日間、店で働きますか。

問題Ⅱ

(p.61)

	こたえ	スクリプト
1番 CD2 29	2	ラジオの電話相談のコーナーで、女の人が話しています。女の人はどういうことで悩んでいますか。 男：では、次の方ですが、社会人になって３年目だそうですね。何でお悩みなのでしょうか。 女：新卒(※1)で入社した周りの友達が、最近次々と会社を辞めて、新しい会社に転職(※2)し始めたんです。みんな口をそろえてキャリアアップとか、市場価値(※3)を高めたいとか言って…。でも、前の職種(※4)を活かすことができずに、新しい会社で新入社員として働いていたり、給料も下がったっていう話もよく聞きますし…。私は、今の仕事の中で、キャリアアップを目指したり、自分のやりたいことをやればいいのではないかと思っているんですが、みんなが転職、転職と、転職しないとキャリアアップできないようなことを言っているのを聞くと、私だけこのままでいいのだろうかと、不安になってしまうんです。 女の人は、どういうことで悩んでいますか。
2番 CD2 30	4	女の人２人が話しています。２人はどう思っていますか。 女１：ねえ、貯金してる？　私は全然。 女２：私は、将来に備えて一応ね。でももっと貯めないと。 女１：お金持ちのいい人、現れてくれないかなあ。 女２：あなたもまだ、結婚願望(※5)ある？ 女１：あるよー。私の王子様(※6)、どこで寄り道(※7)してるのかしら。早く来てー。ウフフ。 女２：私の王子様も、何してんのかしら。私、こんなに待ってるのにー。ハハハ。でも、私たち気をつけないと。あのね、私の高校時代の友達、このあいだ結婚詐欺(※8)に遭ったのよ。彼女、もう一生一人で生きていくって言ってた。 女１：あら、かわいそう。私たちの年で独り者(※9)と聞けば、お金を持ってるだろうと思って、変な男が狙ってくるのね。ほんと、警戒しなきゃ。 ２人はどう思っていますか。

(※1) 新卒（しんそつ）：new graduate　Mới tốt nghiệp

(※2) 転職（てんしょく）(する)：change jobs　Nhảy việc, đổi việc

(※3) 市場価値（しじょうかち）：market value　Giá trị thị trường

(※4) 職種（しょくしゅ）：type of occupation, line of work　Loại hình công việc/nghề nghiệp

(※5) 願望（がんぼう）：desire, wish　Nguyện vọng, mong muốn

(※6) 王子様（おうじさま）：dashing prince　Hoàng tử (của lòng tôi)

＊ここでは、自分の将来の結婚相手のことを言っている。

(※7) 寄り道（よりみち）：to take a side trip, to stop by A on the way to B　Ghé qua, tạt qua (trên đường tới điểm cuối), la cà

(※8) 結婚詐欺（けっこんさぎ）：marriage fraud　Lừa đảo hôn nhân

(※9) 独り者（ひとりもの）＝独身（どくしん）：unmarried/single person　Người độc thân

	こたえ	スクリプト
3番 CD2 31	1	女の人と男の人が話しています。男の人はどんな気持ちですか。 女：このカッター、どうやってもうまく切れないんだけど…もう刃がダメになってるのかも。 男：貸してごらん。これ使うの、コツがあるんだよ。こんなふうに一気に(※1)やらないとダメなんだよ。昔から「バカとはさみは使いよう」って言うだろ。 女：何、それ、どういう意味？　私がバカだって言いたいの？ 男：いや、そういうつもりで言ったわけじゃないよ。コツをつかめば君も切れるよという意味で言ったんだよ。変なふうに取るなよ(※2)。とにかく、うまく切れたんだから、いいだろ。 女：よかないわよ(※3)。だいたいね、あなたは自分だけが偉いと思っているから、そういうことを言うのよ。人を見下す(※4)のもいいかげんにしてよ。 男：だからー、深い意味で言ったんじゃないって、言ってんじゃないか。いいかげんにしてほしいのはこっちだよ。 男の人はどんな気持ちですか。

(※1) 一気に：all at once, in an instant　Liền một hơi, liền một mạch

(※2) 変なふうに取る：to take something the wrong way　Hiểu sai ý

(※3) よかない＝よくはない

(※4) 見下す：to look down on (others)　Xem thường, khinh miệt

問題Ⅲ

(p.62)

	こたえ	スクリプト
1番 CD2 32	4	テレビで、消防士が話しています。 消防士：皆さん、１１９番に通報して(※1)から救急車が到着するまでに、どのくらいの時間を要すると思いますか。もちろん、いろいろなケースがありますが、平均６分から７分かかります。この救急車が来るまでの間に応急手当(※2)を行うことができれば、命を助けたり、その後の治療の経過にいい影響を与えたりすることができます。緊急な事態は予告なく突然やってきます。そのいざというときに適切な処置(※3)を実施するには、日頃から、応急手当に関する知識と技術を身につけておくことが大切です。 消防士は、どういうテーマで話していますか。 1　救急車通報の問題点 2　適切な処置の方法 3　緊急事態の予測 4　応急手当の重要性
2番 CD2 33	3	講演会で、男の人が話しています。 男：プレッシャーに弱い部下をもったときに、その上司は、どう対処すれば(※4)いいかということに悩むと思います。よい信頼関係を築いていれば、部下に自信を持たせることは、そんなに難しいことではありません。信頼している相手の前で失敗することは、そんなにプレッシャーにはならないのです。上司は部下の長所を認め、悪いところを心より心配し、指摘したり(※5)、また仕事の話だけではなく、プライベートなことにも触れて、趣味や家族のことを聞いたりすることも重要です。部下が上司を信頼できると感じ、安心して仕事をする環境を作れば、結果、部下のプレッシャーも克服されていく(※6)ものです。 男の人は、何について話していますか。 1　部下のプレッシャーの原因を突き止める方法 2　プレッシャーに弱い部下を信頼するコツ 3　部下にプレッシャーを克服させるためのアドバイス 4　プレッシャーを感じない部下への対応

(※1) 通報する：to call (for an ambulance), to report (something to the authorities)　Báo tin, thông báo

(※2) 応急手当：first aid　Sơ cứu

(※3) 処置：measure, action　Xử lý

(※4) 対処する：to handle, to deal with　Đối xử, đối phó

(※5) 指摘する：to point out, to make evident　Chỉ ra

(※6) 克服する：to conquer, to overcome (an obstacle)　Khắc phục, vượt qua

問題 I

(p.64 ～ 65)

	こたえ	スクリプト
1番 CD2 34	3	電話で男の人と女の人が話しています。男の人は女の人にこれから何を教えますか。 男：もしもし…何だよ、こんな朝早くから…。 女：ごめん、大変なのー！　助けてー！　あのね、パソコンがね、急にフリーズしちゃってね。 男：え？　またかよー。勘弁してくれよー。強制終了(※1)して、再起動(※2)って教えただろ？ 女：違うの！　いつものじゃなくて、初めてなの。ウイルスにやられたっていう警告が画面に現れて、そのあと、フリーズしちゃって…あーもう終わりだわ。どうしたらいいのー？ 男：ウイルス？…変なメールのファイルは開けるなって言っただろ？ 女：違うの！　なんにもしてないの。ただ、調べものしてただけ、ネットで。そしたら、急に。変なサイト行ったわけでもないし、普通の調べものしてただけなんだよ。なのに。どうしたらいいの？ 男：わかったよ、泣くなよ。ふー。えっと、昨日はなんともなかったんだよね？ 女：うん。今朝早起きして、それで…ただ調べものを…。 男：わかったってば！　じゃ、システムを昨日に戻せば、たぶん大丈夫だよ。システムの復元(※3)っていうんだ。念のために、大事なファイルをバックアップしとこうか。 女：それは昨日やってある。ちゃんと。いつも言われてるから。 男：おう、そうか、少しは進歩したな。じゃ、話は簡単だ。 男の人は女の人にこれから何を教えますか。
2番 CD2 35	3	薬局で男の人と女の人が話しています。女の人はこのあとまず何をしますか。 男：あ、処方箋ですね、お預かりします。こちら、初めてでいらっしゃいますか。 女：あ、ええ。 男：それでは、お手数ですが、お待ちの間に、こちらの問診票(※4)にご記入願います。 女：あ、はい。あのう、車、前に止めてていいですか。 男：いえ、そちらはちょっと…。裏に駐車スペースがありますので…。そこの角を左に曲がって、またすぐ左に曲がった、左手です。 女：あ、はい、じゃ、これはあとで…。 女の人はこのあとまず何をしますか。

(※1) 強制終了（する）：to forcibly terminate, to kill (a process)　Tắt cưỡng chế

(※2) 再起動（する）＝もう一度立ち上げる

(※3) システムの復元：system restore　Khôi phục/phục hồi hệ thống

(※4) 問診票：medical questionnaire, medical history form　Bảng câu hỏi y tế, mẫu bệnh án

	こたえ	スクリプト
3番 CD2 36	4	大学で女の留学生が先生と話しています。女の留学生は何をしなければなりませんか。 女：先生、すみません。私はこのクラスを受けたいんですが…だめだと言われました。どうしてですか。 男：君は、この一つ下のクラスですよ。 女：でも、私は夏休みによく勉強しましたから、あのクラスはやさしすぎます。 男：だったら、プレースメントテストを受けないといけなかったんですが、受けていませんよね？ 女：え？ 受けなくていいと思ったんです。 男：ガイダンスで、説明されたはずですよ。聞いていなかったんですか。 女：その日は帰国していて、出席できなかったんです。 男：でも、前にも説明を受けているはずですけどね…。まあ、今回だけですよ。留学生担当の北村先生のところへ行って試験を受けさせてほしいと頼んでみなさい。 女の留学生は何をしなければなりませんか。
4番 CD2 37	1	会社で上司が社員に注意をしています。社員はどんなことに注意しなければなりませんか。 上司：あのお客様は難しいけれど、大切なお客さんなんだから、くれぐれも粗相(※1)のないように。何か失敗しても、絶対にごまかしたり、言い訳したりしちゃいけません。きちんと正直にお詫びすること。失敗そのものには意外と寛大だけど(※2)、そのときのこちらの態度に対して厳しい方ですから。ご機嫌を取ったり(※3)お世辞を言われたりすることもお嫌いです。誠意(※4)があるかどうかを見抜いて(※5)おいでなんですよ。そこのところ、理解して接するように。 社員はどんなことに注意しなければなりませんか。

（※1）粗相：careless mistake, blunder　Sai lầm, cẩu thả, bất cẩn

（※2）寛大な：tolerant, forgiving　Khoan dung, tha thứ

（※3）機嫌を取る：to humor, to flatter　Xu nịnh, nịnh hót

（※4）誠意：sincerity, trustworthiness　Chân thành, thành ý

（※5）見抜く：to see through, to discern　Nhìn thấu, nhận ra

問題Ⅱ

(p.66 ～ 67)

	こたえ	スクリプト
1番 CD2 38	4	男の人と女の人が話しています。台風はどうなると言っていますか。 女：沖縄は台風で大変だったみたいね。北上しているのかな。それるといいんだけど。 男：今、関西方面が影響を受けているみたいだけど、だいぶ勢力も弱まって、今夜には日本海側に抜けるらしいよ。 台風はどうなると言っていますか。
2番 CD2 39	2	会社で男の人と女の人が話しています。女の人は何を忘れましたか。 男：申し訳ありません。はい、すぐに再送します。失礼いたします。 　だめだよー、確認忘れたでしょ？　あれだけ念押したのに、まったく、もう。 女：え？　確認、しましたよ。画像が必要かどうかと、メールにファイル添付の方法でいいかどうか…。 男：それから？ 女：それから、えーっと、ああ、届いたかどうかもちゃんと電話で確認しましたけど。 男：そのとき、画像が開けるのか、開いて見られるかどうかもって言ったよね？ 女：あ…だめだったんですか？　だって、前、同じの送ったとき大丈夫でしたよ、だから…。 男：毎回確認しろって言ってるでしょ！ 女の人は何を忘れましたか。
3番 CD2 40	3	男の人が話しています。男の人はクモ(※)の何について話していますか。 男：巣を張って、獲物がひっかかるのを待つというのが一般的ですけど、巣を作らずに、そのまま飛びついて捕獲するのもいます。もっとおもしろいのは、足にね、糸をひもみたいに垂らして、そいつを振り回してくっつけるのもいるし、足の長いやつがいてね、その長い足の間に巣を網状に張って待ち伏せしといて、わっと広げるのもいるんです。 男の人はクモの何について話していますか。

（※）クモ（蜘蛛）：spider　Con nhện

	こたえ	スクリプト

4番 CD2 41　　**こたえ：2**

テレビで男の人と女の人が、日本の政権について話しています。2人はどういう点で、意見が一致していますか。

女：最近、毎年1年ごとに首相の顔が変わっていますね。
男：ええ、普通は就任したときは誰が政権の座についても(※1)、まあだいたい60%の支持率が得られるものなんですが、それが1年もしないで20%を切ってしまう。
女：支持率が安定しませんよね。それで、辞めていく…。落ち込みが早すぎますよね。
男：就任すれば、ある程度はその人に期待するものなんですがね…。
女：すぐに飽きられる？
男：いや、期待できないって、すぐにわかってしまうんでしょうかね。期待されない、ということはつまり…
女：能力がないとみなされている。
男：ええ、選択肢がなくなっている…。
女：大統領制(※2)にすればどうなんでしょうね。結構国民は政治に関心を持ってると思いますよ。
男：どうかなあ、選択肢がなきゃ、どうしようもないでしょう。
女：あら、そんな悲観的な。我こそは！ という人が国民の中から出てこないとも限りませんよ。

2人はどういう点で、意見が一致していますか。

5番 CD2 42　　**こたえ：3**

男の人と女の人が、外国のある町について話しています。男の人がその町で、最も気に入った点はどこですか。

男：よかったなー。また行きたいなー。大人だったなあ、あっちの人たち。日本は子どもっぽい服装や態度が主流っていうか、目指しているっていう感じもあるけど…。あっちはみんな大人の雰囲気だったよね、服装も、態度も。大人に見せるのがかっこいいという考えなんだろうね。なんてったって、そういうとこが最高だったなあ。
女：うん、でも、歩きタバコとか、仕事の前に一服(※3)、授業の前に一服って、学校や職場の門の前でスパスパ(※4)…には閉口したなー。
男：そうだねー。建物の中は絶対、全面的に禁煙だからだろうね。いいんだか、悪いんだか…。だけどさあ、あんなにごった返してる(※5)のに、だーれもぶつからずに歩けたのにはちょっと感動したよ。
女：まあね。でも、日本も昔はそうだったんじゃないの？　今はガンガンぶつかって…おちおち歩いてらんないけど。

男の人がその町で、最も気に入った点はどこですか。

(※1) 政権の座につく：to take power, to come into power　Bước chân vào chính quyền
(※2) 大統領制：presidential system of government　Chế độ tổng thống
(※3) 一服：to take a (smoke) break　Nghỉ giải lao (để hút thuốc), hút (thuốc lá) một hơi ngắn
(※4) スパスパ：word that mimics the sound of smoking a cigarette　Bập bập (âm thanh khi hút thuốc), phì phèo
(※5) ごった返す：to be crowded, to be jammed pack　Đông đúc, chật cứng

第五章

問題Ⅲ

(p.68)

	こたえ	スクリプト

1番

CD2 43

こたえ：2

女の人がインタビューに答えています。

男：新入社員が会社訪問(※1)を始める時期ですが、御社では、どのような人材を求めますか。

女：そうですね…今の子たちは問題に答えることにずいぶん慣れていますよね。お勉強もそういったものが多いんじゃないでしょうか。よくお勉強して、テストの点もいいかもしれませんが、問題が出されるのを待っているんですよね。早く出して、答えるからって。それじゃ困るんです。問題は自分で見つけないとね。で、それから、その解決法も考える、そういうことができる人を求めています。

女の人は新入社員に何を求めていますか。

1　問題に答えることに慣れていること
2　自分で問題点や解決法を見出せる(※2)力
3　どのような問題にも答えられる知識
4　できるだけ早く問題に答えられる力

2番

CD2 44

こたえ：2

男の人と女の人が話しています。

男：あの小説よかったよ。原作は映画とはちょっと違っててね、映画にはなかったところに感動したんだ。

女：へー、違うとこって？

男：男たちがみんなで協力して、自分たちのすべきことを、代々死ぬ前に子どもに伝えていったよね？　女たちには言わないで黙々と(※3)やっていたっていうのが映画のストーリーだったけど、原作ではね、実は女たちはすべてを知っていて、知らないふりをしていたっていうんだ、なんか感動的だろ？

女：んー。そう？　言えばいいのにね！

男：バカだなー、言わないから美しいんじゃないの。男は黙って、女も黙って…いいなあ。だからさ、男も女も平等とかさ、女が男っぽくなったり、男が女になりたがったり、そういうのもあるかもしれないけど、やっぱり、それぞれのやり方とか役割があって生きているっていうのがさ、いいなあ…。

男の人はどんな考えを持っていますか。

1　もう男女の区別をするべきではない
2　男には男の、女には女の役割がある
3　男と女は逆転していくのかもしれない
4　女は男のすることに口出しすべき(※4)ではない

(※1) 会社訪問：Attending company information sessions or visiting companies while job hunting (as an undergraduate).
Việc tham dự các buổi trao đổi thông tin của các công ty hay viếng thăm các công ty trong khi đang tìm việc.

(※2) 見出す：to find, to discover　Tìm ra, khám phá

(※3) 黙々と：silently, without a word, in silence　Lẳng lặng, làm thinh

(※4) 口出しする：to meddle with, to interfere with the business of someone else　Xen vào, can thiệp vào

	こたえ	スクリプト
3番 CD2 45	3	男の人がおもちゃについて話しています。 男：おもちゃ作ってるって言うとね、みんな、木のおもちゃですかって聞くんだよね。木のおもちゃだって、色が塗ってあるものなんかは、石油使ってるわけだし、たくさんあっても、古くからあるものをただ真似してるものも結構あるんですよね。そういうのは、オリジナリティに欠けると思うし。まあ、だからって、アイデアいっぱいならいいか、ってことになるわけで。僕はね、ほら、子どものときって何かに夢中になって遊ぶじゃないですか、経験ないですか？ そういうね、夢中になれるのが、いいおもちゃだと思う。 男の人にとって、いいおもちゃとはどういうものですか。 1　すべてが木でできたおもちゃ 2　プラスティックのおもちゃ 3　子どもが夢中になれるおもちゃ 4　新しいアイデアのあるおもちゃ
4番 CD2 46	4	男の人と女の人が、車の中でラジオを聞きながら話しています。 ラジオ：♪この番組は、地球に優しいカーライフを応援するエコ石油と、エコ自動車の提供でお送りしました♪ 女：　ねえ、これガソリンと車のＣＭでしょ？ 男：　え？ ああ。 女：　地球に優しいガソリンと自動車ってあるのかな？ おかしくない？ 男：　そんなこと言ったら車乗れないだろ？だから、できるだけ少なく使う努力してますってことだろ？ 女：　まあね…。でも、ゼロじゃなくて、減らしてますって、エコエコ(※1)って声高に(※2)言うのも、なんだかなーって…本当にエコなものじゃなくて、その正反対、かけ離れた(※3)ものがエコエコって言うのがねー。違和感(※4)感じるなー。 男：　じゃ、自動車とかのエコには反対なんだ。 女：　いや、そうじゃなくてね、言葉の定義があいまいっていうか、使い方がね、どうもね…。 女の人は「エコ」についてどう思っていますか。 1　エコは地球に優しくないと思う 2　もっとエコを進めるべきだ 3　自動車のエコには賛成だ 4　エコという言葉のあいまいさが気になる

(※1) エコ：abbreviated way of saying "ecology"　Ecology – hệ sinh thái, môi trường

(※2) 声高に：loudly　Cao giọng, lớn tiếng

(※3) かけ離れた：very different, far removed from, far from the norm　Khác rất xa, cách rất xa

(※4) 違和感：uncomfortable　Khó chịu, không hợp

第五章

問題Ⅳ

(p.69)

	こたえ	スクリプト
1番 CD2 47	3	例の仕事、伊藤さん、しぶしぶだけど引き受けてくれたよ。 1　ふーん、初めからできないって言えばいいのに。 2　やりたがっていたから、よかったんじゃない？ 3　無理やり頼んだんじゃないの？
2番 CD2 48	1	明日、暇だったら、エミちゃんが働いているレストラン、行ってみない？ 1　試験勉強で、それどころじゃないよ。 2　うん、いいけど、エミちゃん誘ったほうがいいんじゃない？ 3　じゃ、時間ができたら行ってもらおうかな。
3番 CD2 49	2	あのー、ご主人、まだお見えにならないんですが…。 1　そうですか。いつかお伺いしたいと申しておりましたが…。 2　え？　もうとっくに着いてるはずだと思いますが…。 3　あ、すみません。あいにく留守にしておりまして。
4番 CD2 50	1	この春からゴルフを始めたの。教室にも通っているし、土日は欠かさず(※1)コースに出てるよ。 1　へー、そんなにはまってるんだー。 2　あー、それほど気にしてるんだー。 3　ふーん、やれやれだね。
5番 CD2 51	3	石田さんのプレゼンだけど、あいまいな言葉が多くて、いまいちだったと思わない？ 1　そんなことないでしょ。私にはわけがわからなかった。 2　本当に、さすがだったよね。 3　うん、私もピンとこなかった(※2)。
6番 CD2 52	1	渋滞、ひどいねー。全然動かないよ。目的地に着いても遊ぶ時間ないかも。 1　こんなに混むんだったら、家にいたほうがましだったね。 2　そんなことにならないように、早く出ようよ。 3　え？　そんなことが起きてるって信じられない。
7番 CD2 53	2	あのー、そちらの席…チケット、お確かめになっていただけますか。 1　えーと、別の席へ移りましたけど…。 2　え？　あーっ！　間違ってました。申し訳ありません。 3　いえ、まだ確認していないもので、なんとも言えませんが…。

(※1) 欠かさず：without fail, always　Đều đặn, thường xuyên

(※2) ピンとくる：rings a bell, sounds right　Hiểu, nắm bắt

問題Ⅴ

(p.70)

	こたえ	スクリプト

1番 (CD2 54)　こたえ：2

事務所(じむしょ)で、男の人と女の人が話しています。

女：社長、このコピー機(き)、色が薄(うす)くしか出ないのですが…インクは補充(ほじゅう)して(※1)あるんですが。
男：そう、困(こま)ったね。そのコピー機、もう古いからねえ。とりあえず、プリンターのコピー機(き)能(のう)を使っといて。あ、プリンターも調子(ちょうし)悪いって言ってたんだっけ？
女：はい、うまく紙が送れなくて(※2)。でも、毎回(まいかい)じゃないので、なんとか。
男：でも、それも寿命(じゅみょう)(※3)だよね。思(おも)い切(き)ってどっちも買い換(か)えようか。しかし、先月は冷蔵(れいぞう)庫(こ)が壊(こわ)れて買い換えたし、エアコンもこの間つけたとき、カタカタ変(へん)な音がしてたし、なんだか一度に変になるねえ。エアコンも、暑(あつ)くなってから壊(こわ)れたんじゃ困(こま)るから、今のうちに修理(しゅうり)頼(たの)んでおかないと。ああ、物入(ものい)り(※4)だなあ。
女：社長、すみません！　コピー機、一番(いちばん)色が薄(うす)いモード(※5)になっていました…。すみません。大丈夫(だいじょうぶ)です。
男：よかった。じゃ、まずは、これを新しくしよう。

男の人が、これから買うものは何ですか。

1　コピー機　　2　プリンター　　3　エアコン　　4　冷蔵庫

2番 (CD2 55)　こたえ：4

母親(ははおや)の誕生日の日の食事について、家族３人が話しています。

息子(むすこ)：母さんの誕生日(たんじょうび)の日、俺(おれ)、７時までバイトになっちゃったんだ。だからうちに帰るのは８時近くになっちゃうよ。
娘(むすめ)：えー、レストランの予約(よやく)、どうするのよ。
父：それから行くんだったら、時間の変更(へんこう)しないといけないな。
息子：あのさ、バイト先(さき)の近くのホテルの中華(ちゅうか)(※6)、すごく評判(ひょうばん)いいんだ。そこだったら、７時過(す)ぎには行けるんだけど、どう？
娘：え？　わざわざそこまで？　ちょっと遠いよね。
父：うん、そりゃ面倒(めんどう)だな…。じゃ、家で寿司(すし)でもとるのはどうだ？　８時ごろ食べられるように。お母さん、お寿司好きだしね。
娘：お寿司…。うーん、しょっちゅうとってるし、なんか特別な感(かん)じがしないじゃない。私、何か作ろうか。
息子：それでもいいけど、そうすると、結局(けっきょく)母さんが手伝(てつだ)っちゃうことになるんじゃないの？
娘：そうよねえ。お母さんに楽(らく)をしてもらうのが目的(もくてき)だものね。お兄ちゃんに合(あ)わせるしかないね、お父さん。
父：そうだね。じゃ、キャンセルのほうしておくから、健太(けんた)、そっちのほうは任(まか)せたよ。７時過ぎには、絶対(ぜったい)に来られるんだろうね。
息子：大丈夫(だいじょうぶ)だって。

母親の誕生日の日の食事をどうすることにしましたか。

1　家で寿司をとる　　2　家で何か作る
3　近くのレストランに行く　　4　ホテルのレストランに行く

(※1) 補充(ほじゅう)する：to refill, to resupply, to replenish　Đổ thêm, châm thêm
(※2) 紙を送る：to feed paper　Cuốn giấy, kéo giấy (máy in)
(※3) 寿命(じゅみょう)：product life, life span/life time (of a person)　Tuổi thọ, đến lúc/giới hạn
(※4) 物入(ものい)り：use a lot of money　Tốn tiền, tốn chi phí
(※5) モード：mode　Cách thức, chế độ
(※6) 中華(ちゅうか)：中華料理のレストランという意味

第五章

	こたえ	スクリプト
3番 CD2 56	質問1 **3** 質問2 **2**	テレビを見ながら、男の人と女の人が話しています。

男：次にご紹介するのは、今、注目の文房具です。人気ランキング(※1) 5位からご紹介しましょう。5位は、花やレモンの香りのついた輪ゴムです。4位は修正テープですが、テープの裏面に文字が印刷してあり、修正したあとが透けて見えないようになっています。3位は、針なしホッチキスで、針を使わないで、最大4枚までとじることができます。2位は読書をするときに便利な、ライト付きのしおり(※2)です。本に挟んで折り曲げるだけで、寝ながらの読書も大丈夫。さて、1位は電子メモ帳です。スケジュール帳もついていて、メモしたことを忘れていても、アラームで知らせてくれるという優れもの(※3)です。

女：アラームで知らせてくれるなんて、おもしろいと思わない？

男：あ、それ、持ってる。あんまり使ってないけど。

女：ふーん。ね、針を使わないホッチキス、どうやってとじるのかな。

男：僕、買おうと思って調べたんだけど、紙に穴をあけて、穴の部分の紙を折り曲げて、紙を固定するらしいよ。

女：ふーん、そうなんだ…。修正したあとが透けないっていうのも、アイデア商品だよね。

男：うん、僕、使うたびに、考えた人、偉いなって思う。それより、2位のブックライト、懐中電灯(※4)にもなるし、本当に便利だよ。僕の一押し(※5)だね。

女：ふーん、なんでも持ってるのね。あなたのお勧め、ほしい。どこで買ったの？

質問1　女の人はどれを買いたいと思っていますか。

質問2　男の人がまだ持っていないのはどれですか。

(※1) ランキング：ranking　Thứ hạng, bảng xếp hạng

(※2) しおり：bookmark　Thẻ đánh dấu trang sách

(※3) 優れもの：superior, excellent (product)　(Sản phẩm) tuyệt vời, tuyệt hảo

(※4) 懐中電灯：flashlight　Đèn pin

(※5) 一押し：number one recommended (item), top choice　Lựa chọn hàng đầu, khuyến khích sử dụng nhiều nhất